智元微库
OPEN MIND

成 长 也 是 一 种 美 好

活下来就有转机

做好经营的48个关键洞见

1フレーズ
経営学

みたに こうじ
[日] 三谷宏治 / 著
杨世芳 / 译

人民邮电出版社

北京

图书在版编目（CIP）数据

活下来就有转机 ： 做好经营的 48 个关键洞见 ／（日）
三谷宏治著 ； 杨世芳译. -- 北京 ： 人民邮电出版社，
2025. -- ISBN 978-7-115-66903-2

Ⅰ. F272.3

中国国家版本馆 CIP 数据核字第 2025J3A907 号

版 权 声 明

◆　　　著　　［日］三谷宏治
　　　　　译　　杨世芳
　　责任编辑　　林飞翔
　　责任印制　　周昇亮

◆人民邮电出版社出版发行　　　　北京市丰台区成寿寺路 11 号
　邮编 100164　　电子邮件 315@ptpress.com.cn
　网址 https://www.ptpress.com.cn
　天津千鹤文化传播有限公司印刷

◆开本：880×1230　1/32
　印张：9　　　　　　　　　　　　2025 年 5 月第 1 版
　字数：209 千字　　　　　　　　 2025 年 5 月天津第 1 次印刷
　　著作权合同登记号　图字：01-2024-5563 号

定　价：59.80 元

读者服务热线：（010）67630125　印装质量热线：（010）81055316
反盗版热线：（010）81055315

推荐序：把商学院装进一本书

如果你花几十万元的学费，去商学院攻读 MBA（工商管理硕士）学位，会学到什么？

这个问题其实还可以转化为：如果你是一名 CEO（首席执行官），在管理公司的时候，需要具备哪些知识或技能？

这两个问题的答案，就在此刻你手上的这本书里。作者浓缩了商学院的核心课程，把最重要的内容装进了这本书里。

那么，这本书到底写了些什么呢？

在我写这篇推荐序的时候，正好发生了极越汽车"闪崩"事件——一家由百度、吉利两大巨头投资 70 亿元创办的造车新势力，因为资金链断裂，突然宣布解散。其间的是非恩怨，我们暂且不予置喙，但极越汽车的 CEO 在遭遇挫败之后，于社交媒体上发布长文所做的自我反省却值得一看。

这位 CEO 坦言："我犯了很多错误。在战略上，我没有做好。融资本该是最重要的职责，但我在早期过于乐观，没有预见到资金问题的严重性。我对营销的执念，也占用了太多精力。作为 CEO，我本该把精力放在融资和战略规划上，却一度亲自下场操盘营销体系，忽略了其他重要事物。用人问题也是一大教训，我忽略了岗位和人才的匹配度。很多核心业务的负责人并不具备足够的行业经验，导致团队无法胜任关键任务。在管理风格上，我过于注重细节和微观管理，让团队的主动性和创造力被压抑……"

这位 CEO 所反省的问题，归纳起来，无非是战略、营销、运营、人力资源（组织）和财务（包括销售）这五大问题。而这恰好是本书的五大核心内容。

这位 CEO 几乎在各个关键环节都出现失误，极越汽车又怎么能不"闪崩"呢？他也为自己辩解说："所有这些错误，都源于我的经验不足和认知局限。我是第一次担任 CEO，我想做得完美，却忽略了自己的短板。"

然而，这个辩解的理由是苍白的，任何人在第一次做 CEO 的时候，都不可能带着丰富的经验上任。关键就在于如何消除认知的局限，这完全可以通过持续不断的动态学习达成。

要论追求完美，恐怕谁也比不上已故的苹果公司创始人兼 CEO 史蒂夫·乔布斯。那么，乔布斯又是如何总结自己的成功经验的呢？

他说："如果你在顶层做了正确的事情，底层的结果就会随之而来。这意味着，如果你有正确的战略，找到了合适的人，拥有正确的企业文化，你就会做出正确的产品，做出正确的营销；在物流、制造和分销上，你也会做出正确的决策。如果你把这些都做好，基础自然就变强了。"

有意思的是，乔布斯也提到了战略、营销、运营、人力资源（组织）和财务（包括销售）这五大核心内容。

这绝不是简单的巧合。成功运营一家公司的关键就是这五个方面！

我带着严谨审慎的眼光，结合自身二十多年的管理实践经验，通读了全书，觉得本书至少有三个独到之处。

首先，这是一部商业管理简史。

作者三谷宏志拿出了日本人特有的匠人精神，对一百多年来的商业实践以及理论研究进行了深入细致的梳理，厘清了整个演变过程的主脉络，并用凝练的语言加以总结。

比如，在介绍泰勒的"科学管理"起源时，他首先点出了时代大背景。当时，以蒸汽机为动力的革命，催生了大规模的工厂和施工、采矿现场。但是工厂里却充斥着"懈怠""不信任"和"恐惧"。这是因为当时工厂采用的是按件计酬的工资体系，一旦支付的工资过多，管理者就会降低工资率，导致工人实际到手的工资并没有多大变化。

于是工人全都消极怠工，管理者（老板）则只能以斥责和解雇等方式来恐吓工人。

你只有了解这个时代大背景，才会明白建立在精确度量基础之上的泰勒"科学管理"的时代进步性及其对工人的人文关怀，也才会明白为何泰勒式管理虽屡遭诟病，时至今日却依然顽强地存在于形形色色的组织之中。

在泰勒正式出版《科学管理原理》约 20 年之后，埃尔顿·梅奥粉墨登场，他在霍桑工厂所做的实验震惊世人。

他发现：**人并非只为面包而活。**

人们更重视社会需求的满足，而非仅仅聚焦于经济回报。人的行为容易被不合理的感情所左右。相比正式组织，人们更容易受到非正式组织的影响。因此，**人们的劳动热情更容易受到职场人际关系的影响**，而不是单纯的工作环境好坏。

泰勒和梅奥的观点，就像是管理的两端，此后一百多年间，整个管理实践就在这两位标杆人物所设定的范畴内此起彼落，呈螺旋式发展，如同中国传统文化理念中的阴阳相生相长一般。

厘清了这个大脉络，我们就更能理解"没有企业的时代，只有时代的企业"这句话了。我们在实践中应用本书所阐述的各种管理思想、管理流派也就不会茫然失措了。我们就能对照自己所处时代的特征、自家企业的发展阶段来做出正确的选择了。其次，这是一个商业管理的工具箱。

本书就像是一个百宝箱，提供了大量经过时间验证的有效管理工具。无论面对着怎样的商业管理问题，你都能在本书中找到合适的管理工具。

在本书中，作者把许多商业咨询公司"压箱底的宝贝"公之于众，比如，肯尼思·安德鲁斯的战略制定流程、迈克尔·波特的五力模型、弗朗西斯·阿吉拉尔的 PEST 分析模型、杰恩·巴尼的用于确定核心竞争能力的 VRIO 模型、理查德·罗克里奇的增长 - 份额矩阵、金伟灿和莫博涅的蓝海战略、丰田公司的精益生产系统、杰罗姆·麦卡锡的 4P 营销理论、菲利普·科特勒的营销体系、S. 罗兰·霍尔的消费者心理进程五阶段模型——AIDMA 法则、设计咨询公司 IDEO 的产品开发流程的 EDIPT 循环、支撑 QC 活动的 7 大工具、日本的现场优化 5S 活动、麦肯锡的组织管理 7S 框架、大卫·诺顿和罗伯特·卡普兰的平衡记分卡……

试想一下，一位第一次当 CEO、没有任何经验的管理者，拥有了这个工具箱，在面对扑面而来的各种管理难题时，是不是就不用手忙脚乱、毫无章法了？只要确定好问题，就可以试着用对应的工具去思考、去建构。

最后，这是一本商业管理的评论集。

这也是本书最大的价值所在。

作者不是简单地罗列和描述理论，而是结合自身的独立思考，对于上述商业理论及经营管理工作进行了明确的优劣评析，并给出了合理化建议。

这对于破除商业管理理论的神秘感以及对工具的盲目推崇具有极大的作用。

比如，他对泰勒和梅奥的两大流派是这样评论的："19 世纪的工厂被恐惧、懒惰和贫困支配，为了摆脱这种境况，应用泰勒所开创的合理提高劳动生产率的方法论是必要的，但是它对于此后富裕起来的 20 世纪员工来说有一定的局限性。于是，以梅奥为开创者的'人际关系学说'应运而生，并发展到了领导力理论、企业文化理论等诸多领域。"

再如，他评价波特的五力模型："仅仅表明了市场未来的收益性，并不是分析外部环境的万能工具"。随后，他又给出了自身实践过的B3C框架。

还如，他在介绍了鼎鼎大名的SWOT分析模型之后，评价说SWOT仅仅是一个收纳箱，而在此基础上改良过的TOWS分析模型也不过是战略方案的意见箱。

他就像一位经验丰富的师傅，不但把工具和方法传给了你，还把自己的使用心得也倾囊相授。这就能唤醒使用者的批判性思维，而不会让人盲目学习、生搬硬套。

总之，这是一本能让你和你的公司活下来的书，也是一本能陪着你和你的公司迎来转机的书。建议每一个正在创业或经营企业的管理者都把这本书放在案头，随时备查。千万不要等到失败之后，再来读这本书。

陈禹安 / 心理管理学家、合抱咨询创始人

2024 年 12 月 26 日于水南庄

目　录

CONTENTS

第二章

关 键 营 销
设计一个好产品，用尽一切办法卖爆它

第三章

关键运营

修出更稳固的生意护城河

第五章

关键财务
用资金衡量一切

第一章

关键战略

定一个大方向，并在竞争中胜出

**1. 战略
的本质
在于取舍**

**2. 强者往往
主动开辟战场，
弱者则需选择
并等待战场**

**3. 泰勒提高了
劳动生产率，梅奥激发
了工人的积极性，
法约尔构建了企业
的管理体系**

**5.
察外观内，
找准时机，做出决策**

**6. 五力模型
只能体现
"市场今后能否盈利"**

**4. 经营战略旨在
超越组织壁垒，
达成共同目标**

**8. SWOT 分析模型
仅仅是收纳箱；
TOWS 分析模型
不过是战略方案
的意见箱**

**9. 两大关键抉择：
成本还是价值？
全面还是细分？**

**7.
企业能力是否稀缺，
容易被模仿吗？**

**12. 依据蓝海战略，
要自制饵料，
亲手养鱼**

**10. 虽说
"知己知彼，百战不殆"，
但重中之重
是理解战场本身**

**11.
虽无定式可循，
但要择其一
再完善**

**15. 应开放并
整合知识产权，
将其变为
开拓市场的利器**

**14. 在无法
预见未来的时代，
人们只依靠预期**

**13. "Just Do It"
精神会搞垮公司。
别固执，别做无用功，
快速转型**

战略的本质在于取舍

战略

战略的目的

双重目的

三星集团

特斯拉

战略是有目的的

"战略"本是军事用语，在 20 世纪五六十年代开始出现在企业经营领域。暂且不论将企业经营比作惨无人道的战争是否恰当，至少那些汲取了战争经验教训的企业家们都深信：商场如战场。

国家间的军事斗争有"战争""战略""作战""战术""执行"等多个环节，而它们**也各有"目的"**。参加过反对拿破仑战争的**卡尔·冯·克劳塞维茨**[1]，在其著作**《战争论》**（1832[2]）中，深入探讨了"战争的目的"。他提出"**战争是政治层面解决国家之间纠纷的一种手段**"，在此基础上进一步论述"消灭敌人不是战争的唯一目的"。

一般而言，明确的战争目的决定了战争的胜局。如果参战双方的战斗力差距不大，则**目的不明确的一方必然惨败，反之亦然**。

说到底，**战略的核心在于明确优先做什么，同时舍弃什么。**

20 世纪六七十年代，日本企业将经营资源集中到深耕多年的主营业务上，给了各大欧美企业重重一击。然而，20 世纪 90 年代以后，日本综合电器制造商（NEC[3]和东芝）的半导体事业，败给了赌上企业前途、押注半导体的韩国三星集团。如今，埃隆·马斯克（Elon Musk）创办的特斯拉在电动汽车（EV）领域遥遥领先，连丰田汽车公司也难以望其项背。

---

① Carl von Clausewitz（1780—1831）。
② 原文为 1932，疑为作者的笔误。——译者注
③ 日本电气股份有限公司。日语：日本电气。

为什么同时追两只兔子的人一无所获呢？

"同时追两兔，到头一场空"这个谚语起源于古希腊，英语表述为"**Dogs that put up many hares kill none**"。在日本，它最早以汉语书写风格的形式出现在明治时代的小学教材中，并得到广泛传播。然而，为什么谚语选用兔子，而且最终连一只都捉不到呢？

因为兔子行动敏捷，任何猎犬都难以轻易将其捕获。设想一下，同时追逐两只兔子会怎么样呢？到头来必定一无所获。

而日本企业却不擅长舍弃，竟敢贸然同时追逐两三只兔子。而实际上，日本企业早已没了"不愿舍弃"的资本。

2

强者 往往 主动开辟 战场，

弱者 则需 选择并等待 战场

《孙子兵法》《战争论》 法军

战场（领地） 英军

作为决定性要素的场所 织田军

定位 今川军

《孙子兵法》：主动开辟战场

在**《孙子兵法》**[①]（公元前 515 年—公元前 512 年）中，**孙武**曾劝谏人们不要轻易开战。他提出百战百胜固然好，但**"不战而屈人之兵"**（孙子兵法·谋攻篇）**才是上策**。这也是战争的目的之一，于企业亦然。友好的企业并购（M&A）就是运用这种思想的成功典范。

《孙子兵法》自《孙子兵法·始计篇》（开战前应考虑的事项）开始，至《孙子兵法·用间篇》（谍报活动）收尾，共有 13 篇。孙武尤其重视《孙子兵法·始计篇》中的"庙算"，也就是在军事会议中对敌我双方力量进行的审慎评估。其分析项目涵盖"五事七计"[②]。

孙武同样是战略定位方面的天才。他主张应根据地形优势选择作战地点，并提前占据有利位置，诱使敌人进入预设战场。**由于己方已做好充分准备，自然能在交锋中占据上风。**

如果决定在开阔地带发起对我方有利的攻势，则需迅速部署兵力。在敌军到达前，充分休整，积蓄力量。待敌军仓促接战时，立即投入战斗，不让对方有喘息之机。如此一来，便能在有利地形上与疲惫之师交手（《孙子兵法·虚实篇》《孙子兵法·军争篇》《孙子兵法·行军篇》《孙子兵法·地形篇》）。

这就是自己主动开辟战场的领地意识，能主动开辟战场的才是赢家。

---

① 最初由孙武撰写，后由其后代孙膑发扬光大。公元 200 年左右，曹操对其注解，成为现存最早的《孙子兵法》注释本。
② 决定战争胜负的基本因素。"五事"即"道、天、地、将、法"；"七计"即"主孰有道、将孰有能、天地孰得、法令孰行、兵众孰强、士卒孰练、赏罚孰明"。
    ——译者注

克劳塞维茨展示的灵活性：选择战场

《战争论》至今依然备受推崇，是源于**"不事先设定作战地点"的灵活战术理论**。克劳塞维茨认为，拿破仑（当初）之所以能够屡战屡胜，正是因为他不拘泥于预设的战场，而是主张"只在自己掌握主动权的地方决战"，从而令紧盯固定目标的敌军陷入迷茫。

1793 年[①]，英法军队围绕重要据点土伦要塞展开对峙（见图 1-1）。在针对土伦要塞的攻防战中，双方毫不退让，都付出了惨重代价。面对僵局，拿破仑认为**不应正面攻打土伦要塞，而应攻山丘上的埃吉利耶特炮垒**。不出所料，他成功取得了这一战略要地，并在那里架设了数门火炮，其中包括三门加农炮[②]，向土伦港内的英军舰队发射炮弹，击退了英军舰队，最终夺取了要塞。

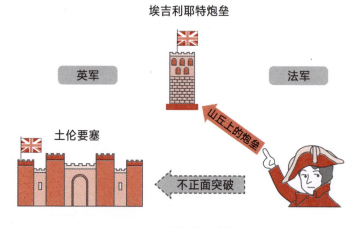

▲ 图 1-1　选择战场：拿破仑

---

① 原文为 1783 年，疑为作者笔误。——译者注
② 当时的定义是口径相对较大，身管较长的火炮，用于远距离直接射击。法文为"canon"，读作加农。

两军原本的目标都是土伦要塞，但**拿破仑看准了重要且敌人防守薄弱的"决定性地点"**，完胜敌军。彼时拿破仑年仅 24 岁，正在为日后登上帝王宝座铺设道路。

静待胜算时机来临的信长：等待战场

对织田信长而言，生死攸关的一战是讨伐今川义元的"桶狭间合战"。当时，只有约 2000 人的织田军所采取的行动，在敌军眼里是"正面袭击"，而不是如今逐渐被考据推翻的"背后奇袭"。

织田军即便采取"背后奇袭"，面对数倍于己的约 25 000 名今川大军，也难以轻易取胜。然而，**织田信长看准了两个时机。**

① 从多个方向展开佯攻、包围，等待今川军兵力分散。最终，驻扎在桶狭间的今川军实际兵力仅剩下 5000 人左右。

② 借助倾盆大雨的掩护，疾速行军，确保敌方无法察觉己方逼近。待雨势稍歇，即刻发起正面袭击（可能还辅以火绳枪）。

等待敌军兵力分散，意味着必须忍受己方佯攻部队的连续损耗，却无力即时增援。这需要有消耗半数兵力的胆魄。

在暴雨中急行军可以隐蔽行动，但这也意味着无法准确掌握敌情，因此要做好跳进敌人虎口的心理准备。

综上所述，**弱者战胜强者是可能的**。强者虽强，但块头大，行动慢。**弱者要有胆识，做好心理准备，选择对自己有利的战场，等待时机。**

3

泰勒
提高了 **劳动生产率，**

梅奥
激发了
工人的 **积极性，**

法约尔
构建了
企业的 **管理体系**

科学管理
人际关系学说
必不可少的活动   霍桑工厂
POCCC 周期

泰勒管理工厂，提高了劳动生产率和工人工资

　　以蒸汽机为动力的革命，催生了大规模的工厂和施工、采矿现场，但是**工厂里充斥着"懈怠""不信任"和"恐惧"**。当时实行的是单纯按件计酬的工资体系，按理说只要工人卖力工作，工资就多。然而一旦支付的工资过多，管理者就降低工资率[①]，结果工人实际到手的工资并没有多大变化。如此一来，工人明白卖力工作也是徒劳，于是全都消极怠工，甚至出现"积极工作者遭人嫌"的同侪压力[②]。管理者（老板）对此只能以斥责和解雇等方式来恐吓工人。

　　此时，**弗雷德里克·泰勒**[③]为他的变革进行了各种实验和研究。他用秒表**分析工作时间**，用卷尺测量**行走距离**。他不再按照经验法则[④]分配工作，而是**精确计算后再分配工作**，并编制了**手册**，同时尝试了新的**工资制度**。

　　泰勒的改革成果显著。**工人的劳动生产率**（人均产能）提高至原来的 3.7 倍。与此同时，工人的平均工资增加了 63%，但总体成本却降低了一半，劳资双方皆大欢喜。

　　《科学管理原理》[⑤]（1911）是泰勒研究和实践的集大成之作，成书时泰勒 55 岁。

---

① 即劳动力的均衡价格，指将劳动力视作商品的情况下，劳动力的供给与需求相等时的那个价格。它是基于劳动力市场上劳动力供求双方的竞争而形成的。——译者注
② 也称同辈压力、朋辈压力，指的是同侪施加的一种影响力，它可以促使一个人为了遵守团体社会规范而改变其态度、价值观和行为。——译者注
③ Frederick Taylor（1856—1915）。
④ Rule of Thumb Method，中文又译为"拇指规则"，是一种可用于许多情况的简单的、经验性的、探索性的但不是很准确的原则。
⑤ 他提倡的科学管理的内容是：第一，工作定额；第二，合理用人；第三，标准化（手册）原理；第四，有差别的计件工资制；第五，计划职能和执行职能相分离。

梅奥通过研究人际关系提高了员工的积极性

生于澳大利亚的**埃尔顿·梅奥**[1] 学习了逻辑学、哲学和精神病理学，42 岁移居美国，1927 年在霍桑工厂（电话交换机制造厂）从事实验工作。

在一次继电器装配实验中，梅奥从 100 名工人中选出 6 名女工，改善了她们的工资待遇、休息时间、茶点、房间的温度和湿度。之后，他让 6 人重新回到了之前的工作环境，撤销了之前的福利制度，但她们的工作效率竟然持续提高。**这说明她们的自尊心和团队归属感（不管实验的目的如何）战胜了所有的环境变化。**

1928 年至 1930 年，梅奥对全体 2 万名员工进行了大规模的访谈调查。一开始是由研究人员进行访谈，中途现场经理也加入了面谈者行列，面谈方式也变成了非诱导性的自由对话。这种形式可以被理解为"闲聊"。2 万名员工的聊天报告让梅奥等人不知所措，但意外的成果很快出现了：**仅通过面谈（不管具体内容如何）这一过程，该部门的劳动生产率就提高了。**

他结合其他实验结果得出结论：**人并非只为面包而活。**

- 人们更重视社会需求的满足，而非仅仅聚焦于经济回报。
- 人的行为容易被不合理的感情所左右。
- 相比正式组织，人们更容易受到非正式组织的影响。
- 因此，**人们的劳动热情更容易受到职场人际关系的影响**，而不是单纯的工作环境好坏。

---

[1] Elton Mayo（1880—1949）。

19 世纪的工厂被恐惧、懒惰和贫困支配，为了摆脱这种境况，应用泰勒所开创的合理提高劳动生产率的方法论是必要的，但是它对于此后富裕起来的 20 世纪员工来说有一定的局限性。于是，**以梅奥为开创者的"人际关系学说"**应运而生，并发展到了领导力理论、企业文化理论等诸多领域。

创造了整个企业管理过程的法约尔

就学于法国精英式高等教育体系[1] **中的工程师学校的英才亨利·法约尔**[2]，年纪轻轻就成为法国一流矿业公司的领导，47 岁就任总经理。他在任职的 30 年间，兢兢业业，将濒临破产的该公司转变为优良企业。他在自己的著作**《工业管理与一般管理》**（1916）中，**将企业"基本活动"分为 6 类**[3]**并进行了整理，大致如下：**

① 技术活动（开发、生产等）；

② 商业活动（销售、采购等）；

③ 金融活动（资金的筹措和运用）；

④ 安保活动（保护财产和人员）；

⑤ 会计活动（财产清点等）；

⑥ **管理活动（经营计划、协调等）。**

---

[1] Grande école，是法国的"大学校"或"精英院校"体系，旨在培养各领域（如工程、商业、政治、军事等）的技术管理人员。

[2] Henri Fayol（1841—1925），通常书写为法约尔，但在法语中发音为费约尔。

[3] 为 68 年后波特所倡导的价值链分析模型奠定了基础。

其中，**管理活动的清晰界定具有划时代的意义。**制定经营计划、协调各种活动等都属于管理活动，循环进行如图 1-2 所示的"**POCCC 周期**"，这一周期就涵盖了企业的经营和管理内容。

▲ 图 1-2　法约尔创造的企业管理过程：POCCC 周期

综上所述，**泰勒盘活了工厂，梅奥提升了工人积极性，法约尔则创造了完整的企业管理过程。**

4

经营战略

旨在超越

组织壁垒，

达成共同目标

杜邦
美国通用汽车公司

创造了"经营战略"一词的巴纳德

1929 年 10 月 24 日，美国股市的股价暴跌引发了世界范围的**经济大萧条，企业家们对外部环境深感恐慌**。自此，每一个决策都直接关乎企业的生存与员工的生计，这标志着一个长达 10 年的艰难时期的开始。

其中，率先明确了经营战略内容的是**切斯特·巴纳德**[1]。和法约尔一样，巴纳德也是经营方面的专家。从 1927 年开始，他担任**贝尔电话**分公司总裁长达 20 年，为公司发展做出了巨大贡献。

在担任总裁期间，他出版了**《经理人员的职能》**(1938)，这本书告诉企业家"你们的职责很重要"，极大地鼓舞了在大萧条中苦苦支撑的企业家。他将企业体定义为系统，而不是单纯的组织，并把**"共同的目标""做出贡献的意愿""沟通交流"**这 3 个要素列为使其成立的关键要素。他提出，组织要想成功，其成员的协作意愿要高，要建立起活跃的协作关系，最重要的是要有"超越组织壁垒的共同目标"。这个**共同目标被他称为经营战略**[2]。

经营战略的定义有很多种，但"超越组织壁垒的共同目标"是核心。巴纳德关于经理人员职能的主张被称为**"巴纳德革命"**（见图 1-3）。

▲ 图 1-3 巴纳德革命

---

① Chester Barnard（1886—1961）。
② 把战略（Strategy）这一军事用语最早引入经营学的人是巴纳德。

安索夫设计了经营战略论的原型

1936 年，18 岁的伊戈尔·安索夫[①]前往美国，此后他在积累了学问和实业经验的基础上，为企业经营战略的研究奠定了坚实的基础。在**《公司战略》**(1965)**中，他提出了差距分析、3S 模型和安索夫矩阵**，明确了发展战略、多元化经营战略的存在方式。其中，安索夫矩阵将业务增长的方向分为利用现有产品挑战新市场的**"市场开发"战略**、向现有市场投放新产品的**"产品开发"战略**、挑战与现有市场和产品无关领域的**"多元化经营"战略**，这些战略构成了企业成长战略的重要指引（见图 1-4）。

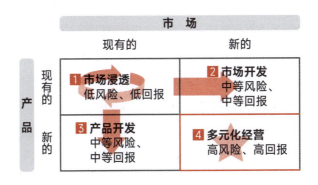

▲ 图 1-4　安索夫矩阵

此外，在《战略管理》(1979) 一书中，他总结道，根据外部环境的"混乱程度"，企业应该在"同等水平"上对其战略和组织做出调整，这一结论构成了经营战略论的原型。

[①] Igor Ansoff（1918—2002）。他将行业环境分为稳定型、反应型、先导型、探索型和创造型 5 个类别。

钱德勒推广了基于"事业部制"的多部门管理

追溯至 20 世纪 20 年代，大型化学公司杜邦发明了**管理复杂企业的组织——事业部制**。事业部制使得多元化发展变得简单，第二次世界大战（后简称"二战"）后，大型企业纷纷在地理区域和产品上进行扩张。其中一个典型案例是世界最大汽车公司美国通用汽车公司（General Motors，以下简称通用汽车）。

艾尔弗雷德·D. 钱德勒 [1] 在**《战略与结构：美国工商企业成长的若干篇章》**（1962）中，把杜邦、通用汽车、新泽西标准石油（现在的埃克森美孚）、西尔斯这 4 家公司作为"组织革新的代表企业"。

这本书阐明了事业部制的详细结构，倡导"若要推进多元化经营战略就要转换为事业部制"。**对于需要进行分权管理的大型企业来说，这本书俨然成了"事业部制的权威指南"。**许多企业（在麦肯锡等管理咨询公司的帮助下）纷纷效仿。

不过，这本书的英文原版书名是 Strategy and Structure，并不是日文版书名所表达的意思 [2]。钱德勒想说的是，"**组织和战略相互影响，有时组织决定战略，有时反之**""不过，**组织（包括人）更难以改变，所以按照战略去改变组织比较保险**"。

接下来，笔者将对制定经营战略的过程进行阐述。

---

[1] Alfred D. Chandler（1918—2007）。
[2] 日文版书名为《組織は戦略に従う》，意思是"组织遵循战略"。——译者注

5

察外观内，找准时机，做出决策

安德鲁斯推广了基于 SWOT 分析模型的战略制定流程

哈佛商学院（HBS）的著名教授肯尼思·安德鲁斯[1] 将巴纳德、安索夫和钱德勒提出的概念加以整理（增加了新的工具和见解），并推广到全世界。他不仅以公司战略理论为核心开设了课程并大获成功，还基于该课程的讲义出版了**《经营策略：内容与案例》**[2]（1965）一书。

其内容是以**"外部环境分析""内部环境分析""战略构建（业务机会分析、业务战略决策）"和"执行计划"等为基础的正统企业战略规划方法**。其核心分析工具 SWOT 分析模型（参照第 32 页）大受欢迎。许多商学院将这本书作为教科书，安德鲁斯的观点很快成为**西方企业高管的常识和通用语言**[3]。

接下来，笔者将结合企业案例对安德鲁斯等人所提出的"战略制定流程"（见图 1-5）进行阐述，并从其后诞生的众多经营战略论中选取一部分进行介绍。

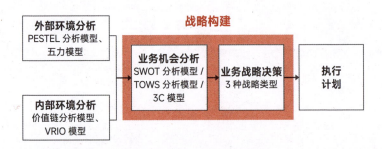

▲ 图 1-5　安德鲁斯的战略制定流程

---

[1] Kenneth Andrews（1916—2005）。
[2] 有关企业管理的综合性书籍。1971 年他还出版了《公司战略的概念》。
[3] 第四章第 203 ~ 205 页也讨论了共同语言的价值。

6

五力模型
只能体现
"市场今后
能否盈利"

PESTEL 分析模型、PEST 分析模型 | 英特尔
五力模型 | 微软

PESTEL 分析模型：梳理风险与机遇的宏观分析方法

企业所处的商业环境既可以是微观的，包括自身的竞争对手和商业伙伴；也可以是宏观的，涵盖了那些对微观因素产生深远影响的更为宽泛的背景因素。前者最具代表性的工具是**五力模型**，后者则是 **PESTEL 分析模型**（见图 1-6）。PEST 分析模型 [①] 是哈佛大学教授弗朗西斯·阿吉拉尔 [②] 在其 1967 年的著作中提出的，原名为 ETPS 分析。ETPS 分别指：

- **Economic**（经济因素）：世界经济和贫富差距问题等；
- **Technological**（技术因素）：人工智能和自动驾驶技术的发展等；
- **Political**（政治因素）：国家之间的矛盾和地区冲突等；
- **Sociological**（社会因素）：各个地区的习俗和人口结构等。

后来加入：

- **Environmental**（环境因素）：如何应对环境问题；
- **Legal**（法律因素）：知识产权、各种规章制度和反垄断法等。

最终整合为 **PESTEL 分析模型**。

PESTEL 分析模型确定了以上 6 个因素存在的风险和机遇。

这些都涉及后面的 SWOT 分析模型（参照第 32 页）。

[①] 许多书籍和网站说科特勒发明了 PEST 分析模型，但科特勒只是将其推广开来而已。

[②] Francis Aguilar（1932—2013）。

▲ 图 1-6 外部环境分析：宏观和微观

PESTEL 分析模型旨在客观地把握现在的状况，同时把握今后的大致发展趋势。当然，在经营战略上，既可以采取前瞻性策略，也可以采用逆向扩张战略，像宜得利家居（NITORI）那样——越不景气越开店，并趁机低价买地！

借助五力模型评价企业所在行业的盈利能力

在经营战略论的发展历程中，从经营工具的角度来说，迈克尔·波特[1] 留下的功绩有**"五力模型[2]""3 种战略类型"**（参照第 41 页）和"价值链分析模型"（参照第 27 页）。接下来，笔者将介绍在外部环境微观分析中颇负盛名的五力模型。波特试图通过五力模型来分析企业所处行业的结构。他在自己的巨著**《竞争战略》**(1980[3])中提到：

----

[1] Michael Porter（1947—），哈佛大学工商管理硕士，经济学博士。

[2] Porter's Five Forces Framework（波特的五力模型），简称五力模型。

[3] 原文为 1975，疑为作者的笔误。——译者注

① 在制定竞争战略时，最重要的是要把握企业与它所处环境
之间的关系；

② 环境的核心是该企业所处**行业的定义和结构**；

③ 行业结构可以被理解为**自家公司承受的压力**，包括**"现有竞
争对手""买方""供应商""新进入者""替代品"这五种力量
（五力）**（见图 1-7）；

④ 在这五种力量中，最强的力量将成为决定性因素，即竞争中
最重要的因素。

①是巴纳德一直以来所秉持的主张，没什么新意。有新意的是
②和③。波特编制了一份详尽的清单（其中涵盖大约 50 项指标），
用于评估这五种力量，他断言，掌握这份清单便足以全面洞察行业
结构。基于此，企业或许能够制定出对自身发展有利的战略。

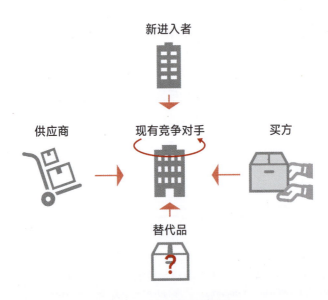

▲ 图 1-7　波特的五力模型分析

实际上，五力模型是一个评估市场的长期盈利能力的工具。即便某个市场当前的利润丰厚，但如果五力模型显示的竞争压力巨大，那么整个行业终将走向衰落。例如，20 世纪 90 年代的个人计算机市场便是明证。尽管市场曾经历爆炸式增长，令制造商获利颇丰，但因中央处理器（CPU）和操作系统供应商（如英特尔和微软）形成近乎垄断的地位，最终大部分利润被这些垄断企业瓜分。结果，个人计算机行业逐渐转变为低收益市场。五力模型就可以预见这样的演变趋势。

五力模型仅仅表明了市场未来的盈利能力，并不是分析外部环境的万能工具。关于具体的外部环境分析，笔者将在 B3C 框架（参照第 43 页）部分进行说明。

企业能力
是否稀缺？
容易
被模仿 吗？

价值链分析模型：重要的企业活动

波特在《竞争优势》（1985）中提出的"**价值链**"概念，一经问世便引起了轰动。

根据图 1-8 所示的价值链分析模型，企业的各种活动可分 9 类，即 5 类主要活动和 4 类辅助活动，这与过去法约尔的"**基本活动**"（1916）和现在麦肯锡的"业务系统"（1980）在理念上有显著的共鸣。

▲ 图 1-8 价值链分析模型（现代版）

在该书中，波特首次将注意力从企业外部转向企业内部。该书日文版副书名[1] 指出了其目标，即"如何保持高绩效"。

波特说，企业要成功，只瞄准"有吸引力的市场"是不够的，还需要"具有优势的企业能力（Capability[2]）"。 他强调，要识别那些

---

[1] 英文原版书名为 *Competitive Advantage*，没有副书名。

[2] 可以指才能或素质，但在这里指的是"能够做某事的组织能力"。

创造价值的关键活动。将公司各部门的活动视为一个连续的价值创造链条这一概念，由于其出色的命名方式被长期广泛沿用。

但波特对企业能力的定位始终是受到限制或从属于某种特定环境的。他认为提升企业能力是实现有效定位的一种手段，企业能力也以活动过程（价值链）为中心。

波特作为定位学派的坚定倡导者（以其在该领域的影响力，可谓是这一学派的有力推动者、核心代表人物），持续推动这一理念的应用与发展（参照第 48 页）。

VRIO 模型：企业能力是否具有优势

大约在同一时期，出现了另一个强调能力重要性的学派。C. K. 普拉哈拉德[1] 和加里·哈默尔[2] 在《公司的核心竞争力》(1990) 一书中写道："NEC 之所以能够击败规模是其 3 倍的竞争对手，是因为它专注于提高其核心产品（半导体）的竞争力。""竞争对手是从外部环境考虑问题的，NEC 则通过考虑内部环境（也就是自身企业能力）取得了成功。"

犹他大学的杰恩·巴尼[3] 将上述 2 人的思想综合成一套完整的体系[4]，并提出了 4 项标准，用于确定**一项能力是否可以成为企业"竞争优势的源泉"（核心能力）**。这就是 **VRIO 模型**（见图 1-9）。

---

[1] C. K. Prahalad（1941—2010）。
[2] Gary Hamel（1954—）。
[3] Jay Barney（1954—）。
[4] 也叫作资源基础理论（Resource Based View）。

▲ 图1-9 巴尼的 VRIO 模型

巴尼在其名著**《战略管理：获取持续竞争优势》**（1996）中，用 VRIO 模型对在严峻的行业环境下仍然取得成功的戴尔公司（20世纪90年代）做了如下分析。

- **采购职能**：在大宗采购中具有 V（价值），但既没有 R（稀缺性），也没有 I（难以模仿性）；通过 JIT[①] 方法进行采购也只有 V 和 R，没有 I，因此只有暂时的竞争优势。
- **销售和支持职能**：在电话和网络支持方面处于领先地位，并拥有良好的声誉。这种在客户中的威望和声誉具有 V、R 和 I 三重属性，能够成为可持续的竞争优势。
- **产品组装职能**：由于在细节上精益求精，所以在 V、R、I 这三个维度上都呈现出较高的水平，这是戴尔公司持续竞争优势的来源。

---

① Just-in-time，准时生产，又译实时生产系统，是丰田汽车公司创造的一种高效生产系统，理念是"库存乃万恶之源"。

- **组件交付、产品运输、库存持有和应用软件职能：** 戴尔公司将这些职能外包，因为它们没有 V、R、I 这些关键属性。通过外包这些职能，戴尔公司得以将精力集中于具有 V、R、I 属性的职能（也叫组织优势）。

根据这一分析，巴尼预测戴尔公司将继续占据主导地位。随后，在 2001 年至 2006 年这段时间里，戴尔公司在个人计算机领域独占鳌头，证明了 VRIO 模型的正确性。

然而，等待戴尔公司的是急剧变化的外部环境，包括"**个人计算机市场的萎缩**""**iPad 等替代品的出现**"以及"**日益白热化的竞争**"。之前的企业能力没能拯救戴尔公司，于是戴尔公司的创始人迈克尔·戴尔[1]决定对戴尔公司进行重组。他以 249 亿美元收购（MBO[2]）戴尔公司，并投资约 640 亿美元并购多家 IT 公司，从而重塑戴尔公司的能力。

这一赌注得到了回报，5 年后戴尔公司重新上市。

---

[1] Michael S. Dell（1965—）。

[2] 管理层收购（Management Buy-Outs），即管理层自己收购自己的股份并控制公司。

8

SWOT 分析模型
仅仅是
收纳箱；
TOWS 分析模型
不过是
战略方案
的意见箱

整合内外环境的 SWOT 分析模型

斯坦福研究所的阿尔伯特·汉弗莱[1]，最初提出了 SOFT 分析模型，用来分析企业中长期计划失败的原因。后来经过一些坐标轴和内容上的调整，该模型演变成了 SWOT 分析模型（见图 1-10）。根据 2008 年的一项调查，超过 70% 的公司在使用 SWOT 分析模型。[2]

▲ 图 1-10　SWOT 分析模型

SWOT 分析模型把有利于实现公司目标的内部（组织）因素[3]归类为"优势"，不利因素归类为"劣势"；把有利的外部（环境）因素归类为"机会"，不利因素归类为"威胁"。

巴纳德（参照第 16 页）等人也曾表示，所谓经营战略，在于将外部环境的"机会"与内部环境的"优势"相结合。**SWOT 分析模型**就是将他们的理念付诸实践的工具。

---

[1] Albert Humphrey（1926—2005）。

[2] 根据全球基准网络（Global Benchmarking Network）对二十多个国家 450 家公司的调查（2008 年），SWOT 分析模型的使用率为 72%，排名第 2。排第 1 名的是客户调查，使用率为 77%。

[3] 原版的横轴为"对目标的达成是有利还是有害"。

SWOT 分析模型不做分析，只是汇总表

"SWOT"在美式英语中发音类似"SWAT"，这意味着与美国警察的特种部队 SWAT[1] 读音相似。但实际上，它本身并不是一件拿得出手的"武器"。

虽然名为"SWOT 分析模型"，但 SWOT 分析模型本质上**只是一种汇总工具**，并不能导出任何结果。填写 SWOT 表格不会直接导出任何结论，**在逻辑分析过程中也不会发散或聚焦**。换句话说，SWOT 分析模型不是"分析"，而仅仅是一张"汇总表"。比起普通的汇总表，SWOT 分析模型的功能不多也不少。

几年前，一位热衷学习的龙头企业的总裁感叹道："会议上提出的企划书和书面报告太凌乱，所以我要求务必加上 SWOT 分析模型！在公司内部的学习会议上也该这么办。不承想，大家就只配一个 SWOT 分析模型图，直接跳到结论。大家不如以往爱动脑筋了……"

可见，SWOT 分析模型是一个让人停止思考的危险工具。

TOWS 分析模型是激发创意的工具

TOWS 分析模型[2] 作为 SWOT 分析模型的一种衍生工具，相对更实用。它由旧金山大学教授海因茨·韦里克[3] 在其 1982 年发表的论文《TOWS 矩阵：情境分析工具》[4] 中提出。

---

[1] Special Weapons And Tactics。
[2] 原版的纵轴是"机会与威胁"，横轴是"优势与劣势"。而在日本，该模型被命名为"交叉 SWOT 分析模型"，将原版 TOWS 分析模型中的横轴与纵轴调换了位置。
[3] Heinz Wyrick（1934—）。
[4] 英文名为 *The TOWS matrix: a tool for situational analysis*。

有了 TOWS 分析模型，事情就会变得很简单，只需把 SWOT 分析模型中提出的每一个机会、每一个威胁，分别对应其优势、劣势，**再把所有的内容组合起来，就能想到许多可执行的决策"方案"**（见图 1-11）。

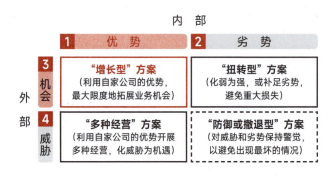

▲ 图 1-11　TOWS 分析模型

- 机会 × 优势 ⇒ **"增长型"方案**
- 机会 × 劣势 ⇒ **"扭转型"方案**
- 威胁 × 优势 ⇒ **"多种经营"方案**
- 威胁 × 劣势 ⇒ **"防御或撤退型"方案**

例如，假设在优势、劣势、机会、威胁中分别识别出 5 个关键点，那么每个象限都可以有 25（=5×5）个组合，总共可以产生 100（=25×4）项"决策方案"。当然其中不乏毫无意义的组合，排除之后也会留下一系列有价值的方案。

然而，从这里还是得不出答案（最合适的行动方案及对应的实施策略），**只有策略构想**。因此，最好不要说"根据 TOWS 分析模型的结果，应该如何如何"，说到底，TOWS 分析模型仅仅是整合业务要素及"稍微"充实决策方案的工具。

BCG 赋予
管理者武器，
与竞争对手竞争，
同事业部门负责人
紧密协作

增长 - 份额矩阵（产品组合矩阵）
经验曲线 ｜ BCG
大泰勒主义

BCG 为 CEO 打造的实用分析工具

在 20 世纪 60 年代的企业并购热潮以及此后的"**非关联多元化**"[①]**风暴之后**，大型企业开始拥有数十个事业部，总公司和事业部门高层的沟通中断，**整个公司的管理濒临崩溃**。于是，管理者纷纷缩小业务范围，开始实施"调整战略"。

可在当时，普通的管理者手中缺乏"实用工具"。钱德勒的战略理论（事业部制部分除外）过于模糊；安德鲁斯的战略规划与 SWOT 分析模型在很大程度上依赖于个人的主观感觉；安索夫的经营战略论（遗憾的是）晦涩难懂[②]；麦肯锡只专注组织战略。

1963 年，布鲁斯·亨德森[③]创立的**波士顿咨询公司（BCG）**敏锐地发现了市场需求，成功向管理者提供了"实用工具"。这些工具在以下 3 个方面具有划时代的意义。

- **时间**：可预测未来（**经验曲线**[④]，可持续增长方程）。
- **竞争**：能分析竞争力和竞争形势（经验曲线）。
- **资源分配**：能在企业之间分配资源（**增长 - 份额矩阵**）。

同时，这些工具不仅解答了行业战略层面的问题，还回应了企业战略层面的问题，而且按职能（营销、生产、财务等）给出了综合性的答案，为 CEO 等高层管理人员提供了综合性解决方案。

[①] 相当于安索夫矩阵（参照第 17 页的右下角），即在与现有业务的市场和商品毫不相关的领域进行多元化发展。
[②] 在安索夫的经营战略制定流程中，有 57 个需要研讨的项目。
[③] Bruce Henderson（1915—1992）。
[④] Experience Curve，显示了随着生产和销量的累计（经验值），成本有规律地下降。

此前的"**经营战略论**"仅指明了大致的方向, 但通过这些工具, 一下子"可以分析数值"了。《战略简史: 引领企业竞争的思想进化论》的作者沃尔特·基希勒三世将其称为"**大泰勒主义**"。

业务组合管理利器: 增长 - 份额矩阵

1969 年诞生的"**增长 - 份额矩阵**"(见图 1-12), 也叫**产品组合矩阵**[①] 或 **BCG 矩阵**。这个 2×2 的简单矩阵, 为**那些苦于管理事务繁忙的管理者提供了武器**。

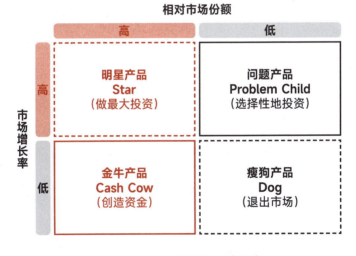

▲ 图 1-12 BCG 的增长 - 份额矩阵

---

① Product Portfolio Matrix, 其中 Portfolio 有收纳文件的文件夹之意, 此处引申为系列或组合。

这个矩阵的创建者是入职仅一年的天才咨询师理查德·罗克里奇[1]。他的任务是将客户联合碳化物公司[2]的数十项业务与其竞争对手进行比较。由于上司比尔·贝恩（后来独立创办了贝恩公司）已经对客户做出承诺，他只能照做。

罗克里奇埋头于堆积如山的分析资料中，苦恼着该如何整理它们并将其传达给客户。突然有一天，他豁然开朗，当场写出了"增长－份额矩阵"，即 BCG 矩阵的原型，并与 CEO 进行了讨论。

这个矩阵在双重意义上具有划时代的意义：其一，它以图的形式呈现，一目了然；其二，能利用数值分析实际的行业定位。

根据矩阵的"市场（预计）增长率"和"相对市场份额"[3]，各种业务均可被定位在 4 个象限之中。各象限分别被命名为"金牛产品""明星产品""问题产品""瘦狗产品"，并清楚地表明了管理层的"基本业务方针（是否要投入资源）"和"基本财务方针（如何运营资金）"。例如，某项业务的市场增长率较低（成熟市场），相对市场份额处于领先地位。那么，针对该项业务就有以下定位。

- **产品分类**："金牛产品"。
- **业务方针**：维持低增长、高份额、高收益。
- **财务方针**：在维持高收益的同时，将投资控制在最低限度，以此创造现金来源（盈余资金）。

---

[1] Richard Lockridge（1943— ）。
[2] 简称联碳公司，是一家跨国经营的化工公司，生产化学品和聚合物材料，在全球四十多个国家及地区有生产点，拥有世界上工艺技术较先进、生产成本较低的大规模生产装置。——译者注
[3] 与最强竞争对手的市场份额相比。如果自家企业排第 1 名，则与第 2 名相比；如果自家企业排第 2 名或更靠后，则与第 1 名相比。

总体上，资金的循环利用策略如下：

- 费钱的"**明星产品**"利用从"**金牛产品**"那里获得的资金，加大业务投入，保持高增长、高份额；
- 从"**问题产品**"中筛选并培养下一个"**明星产品**"，针对性地投入资金；
- "**瘦狗产品**"应迅速出售或退出市场。

总体来看，并不需要详细的业务理解和分析。

明确了上述企业整体的"资金（投资资金）流向"后，美国的大型企业管理者不谋而合，纷纷采用了这个矩阵，**这样就能与其下属——事业部门负责人紧密协作了**。就这样，半数的大型企业都用上了 BCG 的增长 - 份额矩阵（或类似产品）。

9

两大

关键抉择：

成本还是价值？

全面还是细分？

找准赚钱的位置：3 种战略类型

波特在《竞争战略》中提出了 **3 种战略类型**（见图 1-13）。他说，企业如果不在"赚钱的位置"，就算选择了能赚钱的市场，收益也不会增加。并且提出，要**找准定位，只有 3 种（可细分为 4 种）办法**。

▲ 图 1-13 3 种战略类型

企业首先要考虑是否要在这个市场中**与所有的对手竞争**。只争夺自己可能具有优势的部分市场（利基市场）被他称为"**集中战略**"。他还说，"在与对手竞争时，最终只有两种定位方式"，即"**成本领先战略**"和"**差异化战略**"。

成本领先战略的目标是在全公司范围内实现低成本。福特的 T 型车正是如此。差异化战略则通过为客户创造高附加价值来竞争。比如苹果公司是后进入便携式音乐播放器市场的公司，它以高质量（非高音质）、高价位的 iPod 横扫市场，是创造高附加价值的成功案例。

波特告诫企业家，无论如何都要明确自己的目标位置，知道自己依靠什么来竞争。

10

虽说
"**知己知彼，**
百战不殆"，
但**重中之重**
是**理解战场本身**

界定战场并通览全局的 B3C 框架

大前研一在其 1982 年的著作中提出，企业战略必须考虑**客户**（Customer）、**竞争对手**（Competitor）和**公司自身**（Corporation）三者之间的相互影响，即战略三角模型[①]，也叫 3C 模型。可惜，三者之间相互影响的具体内容及方式，让人难以理解。

1996 年左右，笔者创建了一个评估企业环境和优势、劣势的框架——**B3C 框架**（见图 1-14），其主体由 3 × 2 共 6 个方框组成，从左至右分为以下 3 列。

- **战场**（Battle Circle）：表示市场的吸引力和行业特性。
- **竞争对手**（Competitor）：表示竞争对手对业务的态度和战略以及优势、劣势。
- **公司自身**（Corporation）：表示公司自身对业务的态度和战略以及优势、劣势。

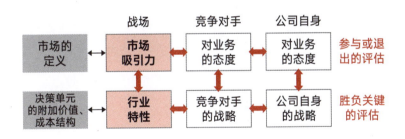

▲ 图 1-14 B3C 框架

[①] 大前研一在 2000 年的著作中提到，由于新的经济领域（网络化、多元化、无国界化）的出现，3C 模型已经不再适用。

因为单词的首字母分别是 B、C、C、C，所以简称 B3C。**接下来，笔者将着重阐述 B3C 框架与 3C 模型区别最大的部分——战场。**

用"市场吸引力"和"行业特性"评估战场

图 1-14 中**战场一列的第一行是用来评估"市场吸引力"的**，有以下 3 个指标。

- **规模（Size）**：将市场规模与公司自身相比。
- **增长（Growth）**：未来的增长。使用产品生命周期（PLC，参照第 120 页）。
- **盈利能力（Profitability）**：未来前景。使用五力模型等分析工具。

如果这 3 个指标的数值过低，说明市场吸引力不大。

战场一列的第二行是"行业特性"，便于把握"利润丰厚的市场中有哪些参与者"。

这里主要从成本和决策单元（DMU）的价值视角来分析。

- **成本结构分析**：在所有成本中，哪种成本最关键。
- **价值结构分析**：对 DMU 来说，哪种价值最重要。

在此基础上，我们将深入分析主要成本和价值，并把握其变化趋势。

- **成本行为分析与价值行为分析**：假设 DMU 是"客户"，追求的主要价值"仅仅是低价"，企业的主要成本集中在"部件采购"上，那么企业如何更便宜地采购这些部件呢？如果大批量采购，部件价格就会降低，则商业规模起决定性作用，故有利于行业领军者。不过，如果部件价格预期会快速降低，则快速响应市场的能力起决定性作用，能等到最后一刻再采购的公司就会占优势。

可以从任意环节开始评估，但终究要回归战场

在 B3C 框架下，从任一环节开始评估都行。不从战场分析，从竞争对手分析和标杆分析 [①] 开始也行。

假设自家公司与竞争对手相比，在"销售能力"和"物流能力"上处于劣势。那么，立即着手改进……别退出，切实评估一下，把那些劣势"放在战场上会如何"。兴许你的大部分客户已经不需要你的推销了。如果是这样，加强推销就是徒劳。接下来应该深入思考物流能力的决定因素是规模还是密度。

以上这些步骤实际上就是在做"业务特征"分析。因此，假如"客户不需要销售团队"，且"短交货期对物流至关重要"，那么，要想缩短交货时间，就该分析当地的客户密度。只有这样才算回到了竞争对手分析。这下就能知道，在哪些地区可以靠密度击败竞争对手。

[①] 采用标杆分析法，就是将自家公司各项活动与从事该项活动最佳者进行比较，从而提出行动方法，以弥补自身的不足。——译者注

始于市场的定义，终于市场的定义

对企业而言，战场必定有它的限定范围。商品、服务和地域范围决定的就是**图 1-14 左上角的"市场的定义"**。

构建 B3C 框架的起点就在于明确"市场的定义"。因此，企业必须考虑目标市场是否具有吸引力，自家公司在商战中能否获胜。如果**评估结果不佳，要么果断放弃当前市场，要么改变"市场的定义"**，总之要持续且深入地探索 B3C 框架的每个组成部分。

最终，清晰的市场定义，就是我们所强调的"战场"。

到了这一步，才算完成了《孙子兵法》中提到的庙算。

接下来，是时候将精心准备的 B3C 框架呈献给高层，争取他们的支持与认同了。

11

虽无定式可循，但要择其一再完善

定位学派
能力学派
配置
通用语言

施乐
佳能

定位学派与能力学派之争

自安索夫和钱德勒等人创立经营战略论后，在数十年间，各种理论层出不穷。如果用一句话概括其大致走向，那就是"**始于 20 世纪 60 年代的定位学派在 20 世纪 80 年代之前具有绝对性优势，而后能力（组织、人力资源和运营等）学派则取而代之**"。如图 1-15 所示，前者的领军人物自不用说，当属大名鼎鼎的迈克尔·波特；后者虽说是百家争鸣，但杰恩·巴尼无疑是标杆人物之一。

定位学派认为"外部环境很重要，只要在有吸引力的市场上占据比竞争对手更有利的地位就能获胜"，而**能力学派**则认为"内部环境很重要，只要在自家公司有优势的领域展开竞争就能获胜"。

定位学派
（迈克尔·波特等人）

能力学派
（杰恩·巴尼等人）

▲ 图 1-15　定位学派对战能力学派

1962 年，施乐在普通纸复印机市场站稳了脚跟，它的主要用户大多是大型企业，它拥有 600 多项专利，并采用现收现付的租赁制度（这需要大量的资金），打造了"20 年不破"的铜墙铁壁一般的商业模式。当时，世界上没有一家企业敢跟它正面竞争。普通纸复印机市场潜力大，是一个高收益的"有吸引力的市场"，但除了施乐，再没有一家企业能取得"占优势的市场地位"。

然而，1970 年，佳能充分利用自己的光学、机械和电子技术，以 88 万日元的价格推出了 NP-1100 普通纸复印机。这是少数研究人员历经 8 年取得的杰出成就。佳能避开了施乐的主要客户——大型企业，而将目光投向了中小型企业，并于 1982 年以 24.8 万日元的价格推出了三色盒式迷你复印机 PC-10，将目标锁定在小型、微型企业以及大型企业的个别部门。佳能凭借其独特的能力，创造了一种功能强大的新产品，开辟了一个"新市场"。

这是能力学派打败定位学派的高光时刻。

明茨伯格认为"两者都不对"

"以定位为导向"还是"以能力为导向"？加拿大麦吉尔大学的亨利·明茨伯格[1]等人给出的答案是"两者都不对"，要"视情况而定"。

他们将答案称为"**配置**"（Configuration）[2]，并举例指出，**战略和组织以及它们的组合方式会随着公司的发展阶段（发展→稳定→适应→探索→变革）而变化**。他们主张"战略不能模式化""战略与组织的组合应根据情况进行匹配"。

以犀利批评而著称的超级英才**明茨伯格声称："所有理论都是错误的。"这是因为每家公司的情况和能力都如此不同、如此具有个性化特征，所以不存在完全适合某个公司的理论。**

----

[1] Henry Mintzberg（1939— ）。
[2] 出自《战略历程》（*Strategy Safari*，1998）。

然而，管理者必须从中选择一种。因为战略理论从某种程度上来说，是一种语言。**他们必须选择一种（或将多种结合起来）作为通用语言（参照第 20 页和第 205 页）在自己的组织中使用，并以自己的方式加以完善。**

你会选择哪种战略理论呢？

接下来，笔者将介绍几个近期经营战略论的实例，其中有"**蓝海战略**"和"**精益创业战略**"这两个著名的创新战略，也有被称为终极能力战略的"**目标管理**"和"**适应性战略**"，最后还有"**知识产权战略**"，其有望成为企业开辟新市场的利刃。

12

依据
蓝海战略，
要自制饵料，
亲手养鱼

蓝海战略	太阳马戏团
价值创新	星巴克
战略布局图	QB HOUSE
	任天堂 Wii

来自欧洲的潮流：蓝海战略

2005 年，欧洲出现了前所未有的企业战略模式，号称**蓝海战略**。

其核心内容是避开竞争对手云集、被激烈竞争的鲜血染红的"红海"，**以创造新价值和降低成本为根本，开辟一个没有竞争对手的"蓝海"**。这一理念否定了波特一直主张的"在附加价值和成本之间进行选择"这一观点。

蓝海战略的首创者是来自 INSEAD[1] 的**金伟灿和勒妮·莫博涅**[2]，自此，两人连续在评选世界 50 大管理思想家的"Thinkers 50"（隔年评选）中名列前茅。

以法国巴黎郊外的枫丹白露校区为主校区的 INSEAD，以国际性（聚集了约 70 个国家的学生）为特色，其研究对象也不仅仅局限于美国企业。两人花了数年时间调查了全球 30 个行业的 150 个战略案例，他们不仅关注胜者，也关注败者，力图找出决定胜负的关键因素是什么。

他们将找到的答案写成**《价值创新》**（1997）一书，也就是之后的蓝海战略的构想。

两手抓的价值创新

波特宣称，"战略就是要在竞争中取胜""战略在锁定市场之外，只有追求高附加价值的差异化战略和追求低成本的成本领先战略""**战略不过是在追求高附加价值和追求低成本之间的权衡**"，但金伟灿和

---

[1] 全称为欧洲工商管理学院，是法语"Institut Européen d'Administration des Affaires"的缩写。INSEAD 是一所世界领先的商学院，其 MBA 课程主要以为期 1 年的课程为主，该课程被划分为 5 个为期 2 个月的学期。除枫丹白露校区，INSEAD 还在新加坡和阿布扎比设有校区。

[2] W. Chan Kim（1951—）、Renée Mauborgne（1963—）。

莫博涅对此持反对意见。

他们认为"一个好的战略是**开拓一个没有竞争者的新市场（即蓝海）**""高附加价值和低成本并不一定冲突，**新的高附加价值和低成本可以并存**（即价值创新）""换句话说，战略就是提出一个新的市场概念，并打造出能够实现这一概念的相应能力"。

苹果公司的 iPod（参照第 109 页）、太阳马戏团、星巴克、日本的 QB HOUSE[①] 等都是开辟蓝海的范例。

蓝海有时限，探索无止境

但是，蓝海越成功，越容易招来竞争对手的加入，最终变成红海（见图 1-16）。因此，"新市场的探索"和"新形态的创造"就变得极为迫切。金伟灿和莫博涅在**《蓝海战略》**（2005）中介绍了 12 种战略制定和执行工具，包括**"战略布局图"**（如图 1-17 所示）、"剔除 - 减少 - 增加 - 创造'坐标格"等。

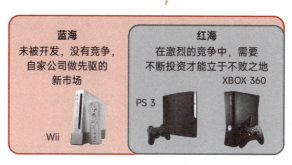

▲ 图 1-16 蓝海 vs 红海

图片来源：iStock。

----

① 仅提供 10 分钟 1350 日元的理发服务。日本有 591 家店铺，海外有 129 家（2022 年）。运营公司为 QB Net。

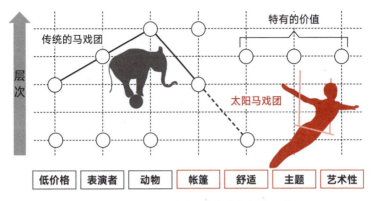

层次

低价格　表演者　动物　帐篷　舒适　主题　艺术性

▲ 图 1-17　体现新价值组合的"战略布局图"

　　这些都是金伟灿等人在实际的企业咨询中摸索总结出来的，所以很务实（不过不是那么精确）。

　　任天堂在开发 DS（2004 年）和 Wii（2006 年）时，就运用了上文所说的工具，利用低成本[①]为"新客户（女性和成年人）"提供了新的附加价值，成功开拓出一个具有压倒性优势的市场，终于摆脱了之前"面向青少年""高规格""高成本"的怪圈。

　　然而，金伟灿在 2007 年曾表示，**任天堂的战斗"远未结束"**。果然，在 Wii 之后推出的 Wii U（2012 年）反响平平，任天堂陷入赤字危机。然而，它又凭借此后的 Switch（2017 年）扭转颓势，大获成功。

　　大洋中心通常呈现为蓝色，这往往给人以开阔、无边无际的感觉。在这样的蓝海中，少了许多竞争带来的波涛汹涌。

　　若要在这片区域生存，**就需要一个独特的机制来培养新客户，吸引他们并获得收益。**

① 任天堂在家庭电子游戏领域所创造的商业模式，是将高成本的高性能硬件以低于成本的价格进行普及，之后通过软件专利费等赚钱。然而，Wii（最初售价为 25 000 日元）从一开始就在硬件上获得了收益。

13

"Just Do It"

精神会搞垮公司。

别固执，

别做无用功，

快速转型

客户开发模式
精益创业战略
MVP
转型

Instagram
Facebook

初创企业的客户开发模式

史蒂夫·布兰克[①] 是一位奇才和连续创业者。在其职业生涯中，他参与了 8 个创业项目（新业务的启动），助力其中 4 个成功上市。

他在**《四步创业法》**(2005) 中阐述了自己的成功秘诀，就是采用了由 4 个步骤、17 个阶段、64 个项目构成的客户开发模式。

这 4 个步骤是：①客户探索（通过询问来发现）；②客户验证（通过销售来验证）；③客户生成（验证市场覆盖）；④构建公司（全面扩大）。如果步骤②行不通，就进行转型（Pivot），回到步骤①。布兰克断言："**初创企业只需产品开发和客户开发这两个团队足矣**。不需要市场、销售、业务开发等团队。"他坚信创始人和 CEO 应该专注于这两点。

布兰克在美国西海岸的一些大学教授了这一理念，而他的高徒**埃里克·莱斯**[②] 是他口中"最棒的学生"。

避免 IT 企业做无用功的精益创业

莱斯进一步发扬了布兰克的理念，并将丰田汽车公司创造的"精益生产系统"概念引入初创企业管理。这就是**"精益创业"(2011)，其核心是"让 IT 工程师不再做无用功"**。

莱斯通过大量的失败经验认识到，在 IT 企业中普遍存在的**"尽管去做"(Just Do It)** 的心态是导致企业垮掉的原因。IT 工程师往往凭着说干就干的冲劲，盲目启动程序编码工作，但大部分努力都徒劳无功。

[①] Steve Blank（1953— ）。

[②] Eric Ries（1978— ）。他在耶鲁大学上学时就曾多次创业。

莱斯认为，"任何不能为客户提供价值的东西都没用""任何经不起验证的假设都是浪费"。为避免做无用功，莱斯提出了"开发—测量—认知"反馈循环，为快速验证市场和用户反馈而开发的产品被称为**最小化可行产品**（Minimum Viable Product，以下简称 **MVP**）（见图 1-18）。

原则：不浪费时间和经营资源

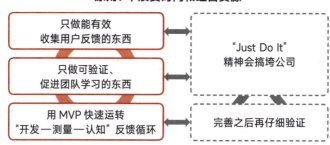

▲ 图 1-18　以 MVP 开始精益创业

工程师往往不愿向公众展示"尚未完善的产品"。一旦有机会大展拳脚，他们便趁机添加众多功能。然而，这种做法并不可取。**应当仅将待验证的理念融入其中，并进行最少的改动。**否则，就会导致时间和人力的双重浪费。进一步说，MVP 甚至不必是一个完整的产品。只要能**通过 A/B 测试**[①]**进行假设验证**，就算仅仅创建一个后台由人工操作的界面也未尝不可。

在莱斯自己的公司里，他保持着极为快速的"开发—测量—认知"反馈循环，有时 1 天多达 50 次。

---

① 属于一种对照实验，是对之前的 A 和变更后的 B 在效用等方面进行比较，且变更的要点基本集中在一处。

Instagram 是由转型和 MVP 打造的

Instagram 的月活跃用户约有 20 亿（截至 2023 年 2 月），是全球使用人数最多的社交网络平台之一。但起初，它只是一款名为 Burbn 的社交签到应用软件，允许人们在地图上分享信息，表明"我现在身在何处"，还可以上传照片。

联合创始人凯文·西斯特罗姆[1] 在工作之余学习 HTML[2] 时，设计并创建了 Burbn 的原型，**但只有少数人持续使用这款软件。**

不过公司团队没有气馁。他们**摒弃了"希望用户如何使用"的理念，转而关注"用户实际如何使用"。**结果发现，比起分享位置信息，用户更喜欢分享照片。于是，他们决定把软件从"带照片功能的位置信息共享应用"转变为"带位置信息的照片共享应用"，并剥离了 Burbn 的功能，专注于照片的"拍摄""处理"和"共享"。**这款非常简单的应用程序被命名为 Instagram，其开发仅用 8 周时间就完成了。**

Instagram 取得了巨大成功，在 2010 年 10 月发布的 2 个月后，注册用户就达到了 100 万，并于 2012 年 4 月被 Facebook（脸书，现在的 Meta 公司）以 10 亿美元的高价收购。当时它拥有超过 3000 万用户，但没有打广告，收入为零，只有 13 名员工。

这是快速转型与高效开发、避免无用功的成功实践。

---

[1] Kevin Systrom（1983—）。

[2] 一种用于创建网站的计算机语言，于 2008 年发布，2021 年停用。升级版是 HTML Living Standard。

14

在无法 **预见未来的时代，** 人们 **只依靠预期**

VUCA
目标管理
适应性战略
实验能力

赛富时
宝洁公司
ZARA

在无法预测未来的 VUCA 时代的经营战略

纵观这几年，世界发生了巨大的变化。世界局势越来越难以预测（VUCA[1]），全球变暖也已经超过了不可逆的临界点。不仅是消费者，金融市场、政府和工人也将对不符合可持续发展[2] 理念的企业采取越来越强硬的态度。

另外，IT 技术的发展从未停止，尤其是人工智能（如 ChatGPT），凭借图像识别、自然语言处理及对多样信息进行分析判断的能力，正不断拓展人类职能，大有取代人力之势（参照第 64 页）。

笔者将列举两个备受瞩目的经营战略论，即"**目标管理**"和"**适应性战略**"。从战略理论的角度来看，这些都属于"能力战略"，而不是锁定某个市场的"定位战略"。毕竟，当下正处于难以看清未来的 VUCA 时代。

以目标管理制胜的赛富时

目标管理将**企业组织的最高目标命名为存在使命（Purpose）**，使所有的企业活动、组织目标都聚焦于实现这一目标。这一思想源于彼得·德鲁克（Peter Drucker）和涩泽荣一。德鲁克在他的著作中说道："组织不是为了自身而存在的，这只是一种手段。组织是为社会服务的机构，各自承担社会问题。"

---

[1] 即变动性（Volatility）、不确定性（Uncertainty）、复杂性（Complexity）、模糊性（Ambiguity）。它原本是军事用语，指难以预测未来的状况和因素。

[2] 指 2015 年 9 月联合国峰会通过的 2030 年前要实现的国际目标，即 Sustainable Development Goals 或简称为 SDGs，译为"可持续发展目标"，由 17 项大目标、169 项具体目标组成。

在当代的成功案例中，笔者想提的是**赛富时（Salesforce）**。正如创始人马克·贝尼奥夫在其著作**《开拓者：企业是改变世界的最伟大平台》**（*Trailblazer*，2020）中所说，**他从创业之初就宣称"社会贡献"是一家公司存在的意义**（见图 1-19）。

▲ 图 1-19 赛富时的目标管理和企业战略

为了将口号转化为实际行动，贝尼奥夫还提出了**"1-1-1 模式"**。其理念是**"用我们 1% 的产品、1% 的股份和 1% 的工作时间为社会做贡献"**。现在，这一模式已被日本许多非营利组织**"奉为圭臬"**。

贝尼奥夫说，正因为赛富时坚持为社会做贡献，才吸引了优秀的 IT 人才，从而在竞争激烈的 IT 业界脱颖而出。

目标管理不仅意味着立下志向并为之努力。只有当它与企业所需的业务特征相匹配时，才有意义。

贝尼奥夫自 2010 年以来，一直强烈强调"企业存在的意义在于社会贡献"。起初，同行都对他不屑一顾，嫌他是"好事之徒"，但最近好像变了，因为他走在了"企业领导者必须为整个社会的未来负责"这一潮流的前沿。

既然无法预测又不可控，那就采用适应性战略吧

BCG 的马丁·里夫斯[①]等人认为，如果**商业环境难以预测，自身又不可控，那么可以采用适应性战略**。适应性战略将迅速应对不可预见的市场波动作为企业维持竞争优势的关键。

根据里夫斯等人的分析，专业零售行业（如潮流服装等）属于环境难以预测且不可控的行业，所以只能采取适应性战略。

他们列举了几个**实施适应性战略所必需的能力**，其中之一就是**实验能力**。

他们提到，宝洁公司在产品开发层面的实验能力是其一大特色：该公司创建了一个三维虚拟店面，在那里对产品设计等进行评估。通过邀请真实用户进入商店，让他们在"店内"选择产品，就可以进行虚拟 A/B 测试（参照第 57 页）。2008 年，仅 10 名负责人就完成了 1 万次实验。

ZARA[②]也不断用实体店和产品进行此类实验。从产品规划到投放市场的周期缩短至 2 周（是竞争对手的 1/10），从而使新产品能够紧跟"时尚潮流"。从季初推出的商品中，可以找出"最畅销的设计"，并立即围绕这些设计推出新产品。这也便于实地尝试不同的设计，以把握下一个时尚潮流。

在未来完全不可预测的时代，人们只依靠预期。那么，你更期待能够使企业在当前激烈的市场竞争中生存的能力（即适应性战略），还是能够赋予组织根本存在意义的经营理念呢？

---

① Martin Reeves（1981— ）。在东京办事处工作的英国人，对尺八（一种类似竹笛的乐器）很感兴趣。

② 在全球拥有 1885 家店铺。运营公司为 Inditex，2023 年 1 月期的销售额为 326 亿欧元，其中 ZARA 品牌的销售额占 70% 以上（截至 2023 年 1 月期）。

只有你才能给自己答案

人工智能 /ChatGPT
利基市场
定制化
个体化

谷歌
OpenAI

令人震惊的人工智能发展速度

在现代社会，推动人类不断创新的动力是技术的发展。从发明飞机（1903 年）到推出可容纳 550 座的波音 747 客机（1969 年）用了 66 年，而从摩托罗拉推出商用手机（1983 年）到苹果公司推出 iPhone（2007 年）只用了二十多年。

当代的人工智能，值得大书特书的就是它的发展速度。2010 年左右，有人断言"围棋软件还需要 50 年才能战胜专业棋手"。但实际上，谷歌于 2015 年推出的人工智能"阿尔法围棋"（AlphaGo）在随后的 2 年里就超越了中日韩的顶级职业选手。当时世界排名第一的中国棋手柯洁在两连败后表示："AlphaGo 非常接近棋神。"

2018 年秋，谷歌推出了大型语言模型"BERT"，为 2020 年文本生成人工智能模型 GPT-3[1] 的问世奠定了基础。继而，在 2022 年底，OpenAI[2] 发布了互动式 ChatGPT，其活跃用户在短短 2 个月内迅速突破了 1 亿大关。此外，2023 年 3 月发布的 GPT-4，据说"其能力相当于在美国律师资格考试中成绩能进入前 20% 的考生水平"。

如今，（几乎）能够自然地与人类交谈、收集各种信息、提供建议和想法，甚至能写书的人工智能，正在撼动当今社会。

人工智能的短板：超越常识、利基市场、定制化

然而，我们必须警惕，切勿对人工智能抱有过高的幻想。譬如，当诸如 ChatGPT 这类通用型人工智能提出所谓的"创新商业模式或

---

[1] Generative Pre-trained Transformer 3。
[2] 2015 年创立。其目标是"以造福全人类的形式普及和发展友好型人工智能"。

产品策划"时，我们应当认识到，这些构想可能缺乏真正的新颖性和独特性。毕竟，任何人都有可能获得相似的灵感。

基于大规模语言模型的人工智能（如 ChatGPT）尚未做出"**超越常识的推断**"（见图 1-20）。"从少量已知数据中预测和推断未知的事情"确实很难。

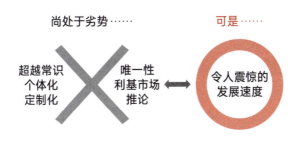

▲ 图 1-20　人工智能的优势和短板

我们即将生活的世界被划分为两个部分。一部分是为大多数人提供普及型创新（超越常识的）产品和服务（诸如智能手机、即时通信应用、自动驾驶汽车等）；另一部分则是专注于为个别用户提供利基市场的产品和服务。

人工智能本身不会催生前者那样的普及型创新。而在后一种利基市场的世界里，**人工智能的作用并不大，因为顾名思义，利基市场的现有信息很少**，于是，人类"自己去获取新数据"和"从少量数据中得出有意义见解（推论）的能力"至关重要。

在企业运营层面也是如此。人工智能将使所谓的常规业务变得越来越高效和自动化。但对于非常规业务，情况则大不相同。明茨伯格在 1975 年就指出，"管理者的核心角色在于应对非日常事务"，这一观点在未来的商业环境中将愈发凸显其重要性。

在标准化业务中看似"个体化"的部分才是人类独擅的领域

即便是在那些表面看似遵循统一标准的业务流程中，也有一些部分极具个体特色，比如**销售工作**。如果企业想把现有产品或服务推向某一利基市场，首要之举是：

① 研究该案例的决策路径；

② 确定决策者的思考模式及关注焦点。

然后，

③ 制定符合公司特色的定制化策略以对接这些需求；

④ 评估计划的可行性和成本；

⑤ 提出最佳解决方案。

那么，人工智能可以自动完成①②③④⑤中的哪些工作呢？

诚然，改变商品和服务、改变组织、改变业务的是人。但同时，人工智能也在许多方面带来了显著的效率提升和信息可视化效果。人工智能的运用也将成为未来人才技能培养的重要组成部分。

公司若**无法将新兴业务与人工智能人才整合进一个能够促进二者成长并发挥正面效用的组织架构中**，其未来发展将面临阻碍。为此，首要之举是提升中高层管理人员的认知水平和学习能力。

15

应开放并整合
知识产权，
将其变为
开拓市场
的利器

知识产权　　　　　　普利司通
专有与排他性权利　　吉列
开放与封闭结合战略　大金工业
知识产权组合战略　　尤妮佳

知识产权的种类及其意义

知识产权（IPR）有多种类型，由各国的专利局或其他机构负责审查和批准。

- **发明专利权**：保护发明，保护期限为 20 年。
- **实用新型专利权**：保护小创意。无须审查，保护期限为 10 年。
- **外观设计专利权**：保护外观设计，保护期限为 15 年。
- **商标权**：保护徽标和标记，保护期限为 10 年，但可以续展，这对公司非常重要。
- **版权**：保护独创性作品[①]。公民著作权中财产权的保护期限是作者有生之年及死亡后 50 年，如果是法人实体，则为出版后 50 年。

在多数情况下，知识产权在竞争方面是一种非常有利的权利，**因为它在保护期内授予一种"专有与排他性权利"（其他人不能做类似的事情）**。同时，它也是鼓励个人和公司努力工作、加快该领域投资的一个条件。

37 岁的**詹姆斯·瓦特**[②]曾经未能成功研发出高效的蒸汽机，在此期间，他失去了跟他共患难的妻子，背着高达 1000 英镑的债务，同时还要独立抚养子女。然而，当瓦特在英国**荣获了制度性保障的专利权后，一切都有了转机**，他不仅获得了额外的开发资金，还顺势推动了工业革命序幕的拉开。究其原因，倘若"什么都能随便模

---

① 包括著作、文艺、学术、美术、音乐、计算机程序等。
② James Watt（1736—1819）。

仿"，那么公司和投资者就无法安心地投资新技术和新事业。

知识产权才是竞争优势的源泉（利刃）

马克·布拉克希尔[1]和拉尔夫·埃卡特[2]均为 BCG 前高管，他们作为独立的知识产权战略专家撰写了**《无形的优势》**（*The Invisible Edge*，2009）一书。在书中，他们把专利和商标等**知识产权的力量比作利刃**，认为这才是未来竞争力的源泉。

2000 年，**泰格·伍兹**（Tiger Woods）凭借新开发的普利司通高尔夫球（NIKE 品牌）取得了卓越的成绩[3]。当时市场占有率处于领先地位的 *Tightlist* 虽也紧随其后，大获成功，但由于缺乏自身的知识产权保护，不得不向普利司通支付了 1.5 亿美元（金额为大致情况）。

吉列的 "Fusion" 产品受到三十多项专利（从 5 个刀片之间的间距到与手柄的连接结构）的保护。它的剃须舒适度、易洗性和压倒性的盈利能力[4]都是难以超越的。

Facebook 在知识产权战略上遥遥领先。公司在刚成立之际，就斥 20 万美元的巨资购买了域名，申请了 "新闻动态" 和 "社交时间轴" 等功能的专利，并以 4000 万美元从竞争对手 Friendster 手中购买了关键专利。

埃卡特等人认为，"**如果在知识产权方面失败了，无论其他方面做得有多好，都不可能取胜**"。

---

[1] Mark Blaxill（1958— ）。
[2] Ralph Eckardt（1965— ）。
[3] 20 战 9 胜，其中 3 个冠军是在大满贯赛上获得的。
[4] 传言说 "比印 1 美元纸币还赚钱"。另外，印 1 美元纸币的成本是 10 美分。

开放与封闭结合战略：大金工业

日本是世界屈指可数的专利大国，每年的国际专利申请量超过 5 万件，仅次于美国和中国。然而，**日本的无形资产**（专利、商标和其他知识产权，以及数据、软件和并购"商誉"）**仅占企业价值的 30% 多一点**，远远低于美国和欧洲的 70% 至 90%，以及中国和韩国的 40% 至 60%。

KIT 虎之门研究生院的教授加藤浩一郎分析指出："**（这就是）因为我们没有充分将知识产权融入商业实践。**"如果知识产权仅被用来为产品辩护或收取授权费用，收益往往相对有限。然而，若能**构建一种开放与封闭战略相结合的"商业模式"，即一方面公开特定技术并与其他公司分享（开放战略），另一方面对自己的核心优势和技术细节严格保密（封闭战略）**，那么知识产权的价值将成倍增加[1]。

2009 年，大金工业与中国空调市场的大型企业格力电器建立了合作伙伴关系，旨在扩大变频空调在中国的销售。虽然大金工业可以选择垄断变频技术专利，但它优先考虑的是普及对环境影响小的变频空调，同时期望通过联盟以较低的成本获得相应的生产技术和销售能力。

大金工业在保持变频技术开放的同时，对技术核心进行黑箱化（封闭）管理，有效遏制了技术流失。通过合作实现的"经济型变频空调"项目大获成功，大金工业也因此在中国变频空调市场与许多实力雄厚的企业建立了合作伙伴关系[2]（见图 1-21 左侧）。

---

[1] 正如加藤浩一郎在《日经商务》（电子版）中所提到的："应该坚守的不是'产品'，而是'商业模式'。"

[2] 《引导经营战略走向成功的知识产权战略（实践事例集）》（2020），专利厅：45 ~ 46 页。

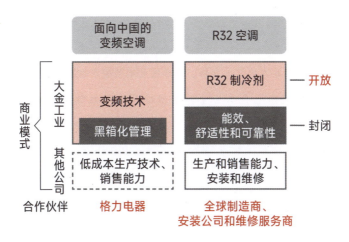

▲ 图 1-21 大金工业的"开放与封闭结合战略"

以这次成功为起点，大金工业开启了更加大胆的开放与封闭结合战略。

这就是空调制冷剂 R32（二氟甲烷）的专利开放。 当空调制冷剂导致的"臭氧层破坏"和"全球变暖"成为国际性问题时，大金工业的 R32 制冷剂不仅不会破坏臭氧层，而且具备能效高、易于回收、可循环利用、价格低廉等特点。

大金工业如果不选择向其他公司开放合作，可能会倾向于走垄断经营的道路，但同时，大金工业可能面临 R32 制冷剂被更优替代品边缘化、失去市场事实标准[①] 地位的风险。一旦这种情况发生，仅依赖 R32 的空调系统可能会遭到安装公司和维修服务商的冷遇，因为它们需要适应大金工业独有的气瓶规格及不同的作业流程。鉴于

---

① De Facto Standard，意为事实上的标准。与之相对的是，ISO 等官方认证机构制定的标准被称为法定标准（De Jure Standard）。

此，自 2011 年起，大金工业逐步对外公开了 R32 的相关专利（允许任何人免费使用），这一进程至 **2019 年近乎全面完成**[①]，涵盖了包括一些发达国家在内的广大市场，**此举极大地促进了 R32 的广泛应用**。

与此同时，大金工业专注于制冷剂以外的独有（封闭）技术——能效、舒适性和可靠性，以此来巩固其市场领先地位。大金工业虽然对外公开了 R32 制冷剂的专利，但并不担忧因此被竞争对手赶超。

截至 2018 年末，全球累计售出的 R32 空调已达 6800 万台，这意味着每 4 台空调中便有 1 台出自大金工业。大金工业在 **R32 相关知识产权上采取的开放与保有核心竞争优势并重的战略，成功地在促进跨企业合作以应对社会挑战和增强自身市场占有率之间找到了平衡点**[②]（见图 1-21 右侧）。

知识产权组合战略：尤妮佳

在消费品领域，像空调这类功能差异明显的商品很少，大多数商品凭借设计和品牌形象上的差异来竞争。苹果公司诉三星集团的智能手机和平板电脑知识产权诉讼案（2011 年至 2014 年）就是一个典型案例，苹果公司在诉讼中强调其技术专利与其产品设计和操作的紧密结合，旨在向陪审团展示三星集团产品与自家产品的相似性，以此影响陪审团的判断。

[①] 需要注意的是，虽已公布"不行使权利承诺书"，但一旦遭遇专利侵权攻击，原先的开放授权立场可能会被撤销。

[②]《引导经营战略走向成功的知识产权战略（实践事例集）》（2020），专利厅：40 ~ 47 页。

　　这就叫知识产权组合战略。尤妮佳从 1990 年左右开始进军亚洲市场，针对不同的产品和竞争对手采取了不同的知识产权战略，从而取得了成功。**在高端产品领域，**当与宝洁公司等国际巨头竞争时，尤妮佳着重强化专利布局。而**在大众市场层面，**大量市场份额被提供价格低廉、基于非专利技术略做改良的**本土制造商**占据。在此情境下，尤妮佳除了维持强大的专利壁垒，**还必须巧妙地组合运用其他知识产权防御体系。**

　　2013 年，尤妮佳推出了温柔贴合、有效防漏的 Moony Air Fit 系列纸尿裤产品。其技术创新的核心在于"新型腰部结构"专利设计，该结构使得纸尿裤在婴儿穿戴时能自然贴合身体曲线，提升舒适度。此外，"具有镂空结构"的**独特设计**为产品增添了双重防护效果。尤妮佳不仅为这款创新产品注册了名称，还将"Air Fit"注册为**商标，**这一举措不仅保护了产品的功能性特色，同时也完成了品牌化建设①。

　　目前，尤妮佳已成为一家全球性公司，在许多亚洲国家的一次性纸尿裤和卫生用品市场的占有率居于首位，其海外销售额占 60%。

　　所以说，知识产权不仅是保护产品的盾牌，**还可以通过战略性开放（开放与封闭结合战略）以及针对产品和竞争对手的精心布局（知识产权组合策略），成为开辟新市场的利刃。**

---

① 《引导经营战略走向成功的知识产权战略（实践事例集）》（2020），专利厅：146 ~ 153 页。

第一章　小结

经营战略到底是什么？

笔者把经营战略作为经营学的首要课题。顾名思义，经营战略就是"经营学"的核心，但什么是**战略**呢？简言之，就是确定公司（或企业）应追求的目标及实施方针，其核心在于明确竞争的战场领域，并将资源集中于此。

正因如此，战场的界定范围必须足够精确，因此战略的本质就在于取舍。强者往往主动开辟战场，而弱者则应选择或等待战场。只要身在战场，就要确保局势对自己有利。

经营的概念及其职能被系统性地梳理整合起来，是近一个多世纪以来的事。泰勒通过科学管理提升了劳动生产率与工人工资。梅奥则通过研究人际关系，提高了员工的积极性。法约尔为公司管理建立了全方位的框架，并指出"管理的职责在于统管整个企业，而不是履行单一的投手、击球手或经理职能"。在经济大萧条时期仍能带领企业前行的杰出管理者巴纳德，大约在 1938 年融合了泰勒与梅奥二人的观点，将经营战略定义为"超越组织壁垒的共同目标"。

经营战略论的诞生与发展：定位学派与能力学派

此后，经营战略论迅速发展。安索夫创造了经营战略论的雏形，钱德勒推广了事业部制。**定位学派与能力学派之争**由此开始，至今仍在继续。不过，正如明茨伯格所说：**没有一种正确的经营战略论**能自动为一家企业提供正确的答案。但企业管理者**只能选择一种并加以完善**。

经营战略制定过程及其关键步骤

1965 年前后，哈佛商学院的安德鲁斯推广了以 SWOT 分析模型为核心的**经营战略规划方法**。

首先，对**外部环境**进行分析，采用 PESTEL 分析模型来识别公司所处宏观环境的趋势、风险与机遇。之后，运用**波特的五力模型**来评估行业结构及中长期盈利潜力，尽管**这一分析仅表明"市场今后是否赚钱"**。

随后进入**内部环境**分析阶段，通过**价值链分析模型**识别对公司至关重要的活动（企业能力），并借助 **VRIO 模型**检验这些活动是否构成真正的竞争优势，即这些**企业能力有多"稀缺且难以被模仿"**。

SWOT 分析模型组合了这些要素，但使用时要注意，**SWOT 分析模型不做分析，只是一个汇总表。TOWS 分析模型只是激发战略构想**的方法之一，而识别商机的途径是多种多样的。

在进行**企业战略分析**时，迈克尔·波特的 **3 种战略类型**被广泛采纳。成本领先战略、差异化战略及集中（利基）战略指明了企业获取竞争优势要做的**两大关键抉择**，即在**成本与价值、广泛市场与细分领域之间权衡**。

学习最新经营战略论的精髓

最近的一些经营战略论包括综合性 **B3C 框架**，作为创新战略的**蓝海战略和精益创业战略**，**目标管理**与**适应性战略**等能力理论，以及**知识产权战略**。那么，你会选哪一种理论作为开拓商场的利剑呢？

第二章

关键营销

设计一个好产品，用尽一切办法卖爆它

16

无须推销，产品自销之道即营销

《营销管理》
营销体系化
战略性营销流程
R → STP → MM → I → C

科特勒对"营销"进行了系统的总结

自 20 世纪 60 年代起，"营销"这一概念迅速普及。它通常以特定的产品或服务为对象，而不同于上一章涵盖整个企业运营流程的宏观层面。

德鲁克在洞察到"业务就是创造客户"的基础上，提出了"**营销的目的是让销售变得不再必要**"。这一表述作为营销活动最精确的核心要义，至今仍在沿用。

然而，在**推广营销理论方面起主导作用的是菲利普·科特勒**[①]。他撰写的**《营销管理》**自 1967 年首版发行以来，经过每几年 1 次的修订，截至 2021 年，原书已历经 15 次再版，成了全世界学习者和实务者的"宝典"。

科特勒的首要**目标是实现"营销体系化"**。虽然这本书中提到的营销理念未必都是他的原创，但他的功绩在于，将原本零散的营销理论体系化，并广泛普及。他提出的**营销组合（**Marketing Mix，**MM）**是被广泛应用的概念，也就是包含产品（**P**roduct）、价格（**P**rice）、渠道（**P**lace）、推广（**P**romotion）这 4 个要素的 **4P 营销理论**[②]。

此外，就像安德鲁斯制定了经营战略的流程一样，科特勒也制定了"**战略性营销流程**"，也叫"**R → STP → MM → I → C**"，由始于调研（**R**esearch）的 5 个环节组成。

鉴于 I（Implementation：实施）和 C（Control：控制）是实务性操作方面的内容，更适合留给专业书籍去深入探讨，接下来我们探讨一下 R（Research：调研）、STP（Segmentation, Targeting, Positioning：市场细分、目标市场选择、市场定位）以及营销组合。

---

① Philip Kotler（1931—）。
② 该理论最初是由杰罗姆·麦卡锡（Jerome McCarthy，1928—2015）在其著作《基础营销学》（*Basic Marketing*，1960）中提出的。

17

如果问询

不可靠，

那就亲临现场进行

实际观察

客户需求导向调研   Recruit 集团
"不的消除"   Intuit 公司
商业人种学   好侍食品
技术种子导向调研

客户需求导向调研：探寻客户的不满之处

在着手开发新产品或服务（以下统称为"产品"）之前，企业首先应该关注什么？固然，了解自身及竞争对手产品的市场表现和盈利状况至关重要，但这仅仅是最终的成果体现。究其根本，这一切都源于**客户的需求**（参照第 85 页）。缺乏对客户需求的深层了解，就无法开发新产品。那么，现有产品能否满足客户的需求呢？

那些依靠现有产品得不到满足的客户需求叫"**未满足的需求**"。Recruit 集团就是从中发现了商机。Recruit 集团通过消除客户的"不满""不安""不足"，即采用"**不的消除**"法成功孵化了一系列创新服务。

- *Jalan* 网（于 1990 年启动）：旅游市场主要以团体旅游产品为主，**个人自由行需求未得到充分满足**。Recruit 集团察觉到这一情况后，创建了 Jalan 网，在网站上为游客提供住宿预约服务，助力游客实现个人自由行。网站对住宿不按传统的目的地分类，而是按游玩主题分类（露天温泉等）。

- *Zexy* 网（于 1993 年推出）：当时，不少客户抱怨，**他们无法与婚礼场地负责人进行直接沟通**，因此，Recruit 集团搭建了 Zexy 平台，直接连接客户和婚礼场地。

Recruit 集团对于"**不的探究**"永不止步，它还提供汽车传感器解决方案和辣椒美食（HOT PEPPER）的美食导览等其他服务。

不询问、只观察的商业人种学

上文提及的客户需求导向调研经常采用问卷调查法，但遗憾的是，这种方法往往难以挖掘出新颖的客户需求。原因在于，人类日常行为的 80% 都属于无意识范畴。当询问哪些产品使用不便或令人烦恼时，受访者往往只能给出模糊的答案。因此，一种**不依赖询问，**

而是通过实地观察来洞察客户需求的研究方法应运而生，这就是**商业人种学**[①]（Ethnography），也叫"**行为观察**"。

自个人计算机于 1983 年兴起之初，**Intuit 公司**[②]凭借其"TurboTax"税务申报软件与"Quicken"资产管理软件，在美国市场上稳居领导地位，是少数几家屹立数十年而不倒的企业。正当 Intuit 公司以为自家的税务软件已赢得市场时，微软携 Microsoft Money 强势入局，外加其他线上竞争对手的纷纷涌现，使得 Intuit 公司的生存之路变得格外艰险。

面对挑战，Intuit 公司采取了大胆的并购（M&A）策略，同时深入**践行商业人种学**，通过对消费者行为的细致观察，确保其核心产品的竞争力。

仅仅"倾听客户要求"不足以激发创新。为此，Intuit 公司派遣数十位工程师（并非营销人员），每 3 人 1 队，分组前往用户家中进行拜访。在每户家庭中，他们会连续拍摄 2 天视频，细致观察用户的日常生活，旨在洞察 Intuit 公司的产品在何种情境下被使用、以何种方式使用，以及使用过程中用户的痛点何在（见图 2-1）。

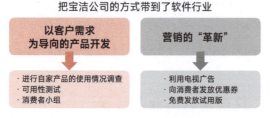

▲ 图 2-1 Intuit 公司靠什么打败了微软

[①] 它相较于问卷调查法更能深入了解客户。人种学本是文化人类学中的一个术语，指的是一种进入"不同文化或社区"并通过观察和对话来了解对象的方法。

[②] 2003 年 Intuit 公司退出日本市场时，Intuit 日本子公司的管理团队通过 MBO 重新组建了新公司，就是现在的日本弥生公司（Yayoi）。

自Intuit公司实施此项举措后，客户对产品的满意度得到了显著提升。

Intuit公司用实际行动彰显了"**创新就是深刻理解并巧妙变革人类行为模式**"这一真谛所在。

Intuit公司虽屡遭挫败，却从未逃避，反而将其视为学习的契机，深入剖析失败案例并将其汇编成报告。正如创始人库克所言："**唯有未能从中汲取教训，方可谓之失败。**"（"It is only a failure, if we fail to get the learning."）。

技术种子导向调研：探寻技术蕴含的潜能

新产品与新业务的诞生，不仅源于对客户的不满与需求的回应，更源于对前沿技术和系统的挖掘，这些技术被喻为"种子"（Seeds）。事实上，**大约60%的初创企业并非从需求出发，而是在这些技术种子萌发的推动下应运而生的。**

好侍食品（House Foods）的研发团队不仅致力于将业务部门的构想转化为现实，更主动承担起独立研发的重任。他们不仅深耕各类调味品及其他产品的基础研究，还积极发掘基于新兴食品技术的产品创意。研发团队拿出自己的成果问业务部门："我们已掌握制造独特口感食材的技术，要不要采用？""我们已研发出调味料凝胶化技术，如何应用？"像这样，研发团队研发出成品样本后，再交由业务部门推向市场，这种依靠技术种子驱动的商品开发方式同样能催生爆款。

此外，**"技术专利布局"（IP Landscape）作为一种基于知识产权分析的商机探索手段**，其意义不容小觑。它能够将公司的专利信息可视化，如此一来，公司不仅能明确自身的核心技术领域，还能洞察这些技术的组合可能开辟的业务领域。通过与竞争对手做比较，有助于公司从战略层面规划未来的业务和技术发展方向。

18

把握客户的真正需求，解锁产品的成功密码

将人类根本需求按层次划分的马斯洛需求层次理论

亚伯拉罕·马斯洛[1] 将人类从小到大各种各样的需求由低到高进行排列，提出了**"需求层次理论"，与自我实现理论相呼应。**他指出，人类不仅有衣、食、住和安全（其中很多需求其他动物也有）等底层需求，还有更高层次的需求，就是传统心理学所回避的那些非常"人性化"的需求。所以，他是第一个对这些需求进行分类和定义的人。在《人类动机理论》(1943) 一书中，他指出，人类的需求呈阶梯状分布，而且人同时拥有这些需求。

换言之，人们在追求①生理需求（约 85% 的满足程度）和②安全需求（约 70% 的满足程度）的同时，也寻求③爱与归属（约 50% 的满足程度）、④自尊（认可）（约 40% 的满足程度）及⑤自我实现（约 10% 的满足程度）这些更高层次的需求（见图 2-2）。满足程度会随个体差异而波动。

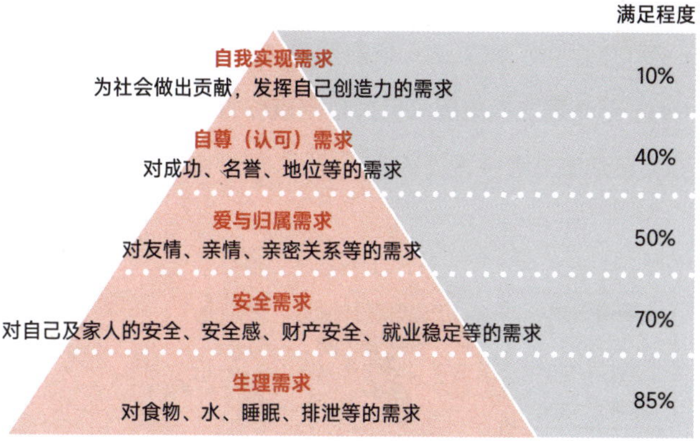

满足程度

自我实现需求
为社会做出贡献，发挥自己创造力的需求 — 10%

自尊（认可）需求
对成功、名誉、地位等的需求 — 40%

爱与归属需求
对友情、亲情、亲密关系等的需求 — 50%

安全需求
对自己及家人的安全、安全感、财产安全、就业稳定等的需求 — 70%

生理需求
对食物、水、睡眠、排泄等的需求 — 85%

▲ 图 2-2 马斯洛的需求层次理论

资料来源:《人类动机理论》(1943)。

---

[1] Abraham Maslow（1908—1970）。

若产品能充分满足人类的这些基本需求，那么它们便能创造巨大的价值。

把握真正需求：超越产品功能，探寻深层诉求

即便是普通的企业或生产普通的产品，也能从马斯洛的观点中获得启发。例如，企业如果要出售电钻这一钻孔工具，就要洞察用户和买家的需求，想到在他们看来哪种钻头更加完美。为此，产品设计需要聚焦于提升钻孔的效率与质量，比如采用坚硬而锋利的钻头、配备高扭矩且能够平稳运转的马达，或是运用无线技术的高容量蓄电池等。

然而，我们回过头来思考一下电钻买家的核心诉求是什么呢？并不是电钻本身，而是那个最终钻出来的孔洞。买家只想钻孔，钻头不过是实现这一目的的手段，毕竟买家可以买电钻，也可以申请上门钻孔服务。

在这一过程中，钻头这一**个别需求（手段）被称为"手段需求"（Wants），更高层次的愿望（目的）则被称为"需求"（Needs）**（见图 2-3）。想分清二者并不简单。

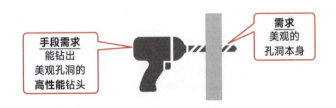

▲ 图 2-3　需求（Needs）和手段需求（Wants）

DIY[①] **在美国非常流行**（产业规模超过 100 亿美元），参与其中的主角是每个家庭中的父亲。他们修理和改装自己的房屋和汽车，希望"能和孩子一起做一件值得骄傲的事"，为此购置各类工具，随时准备大显身手。孩子自然也会帮忙。

那么，这样的父亲会放弃亲手钻孔，反而愿意申请上门服务吗？绝对不会。因为，申请上门钻孔服务根本无法赢得孩子的尊重。**父亲热衷DIY的目的，是将各种精美工具用得得心应手以赢得孩子的尊重**，而依赖上门服务显得毫无意义。相比之下，他们所使用的工具设计是否精良、能否借其彰显自我更为重要。

农具制造商洋马在 2015 年推出的"**YT系列**"拖拉机曾风靡一时。这款拖拉机真正的过人之处就是奥山清行设计的独特外观。正红色的车身颜色以及棱角分明的外观造型让人联想到法拉利，极具视觉冲击力。

日本的农业从事者的平均年龄为 67 岁。"YT系列"拖拉机真正让他们满意的，不是自动化带来的节省人力的优势，而是其炫酷的设计。当他们驾驶着这款拖拉机进行操作时，能**赢得子孙后代的一句"好酷！"**比低价格和高性能更加重要。

综上所述，比起钻孔和耕地等实际操作层面的成功，**赢得子孙认可的需求才是重中之重**。所以，只有把握目标客户的真正需求，才能开发出畅销的产品。

---

① "Do It Yourself"的首字母缩写，意为自己动手。

19

在细分市场时，
明确界定

细分基准
远比细分本身
更为关键

STP
市场细分
目标市场选择
市场定位

麒麟：绿茶
三得利：伊右卫门
伊藤园："喂~茶"

专注于哪些群体的何种需求：市场细分与目标市场选择

在营销理论中，**4P（等同于 MM，即营销组合）**作为核心概念广为人知。然而，**4P 营销活动的"目的"是什么？**决定商品和定价策略背后的动因又是什么？**这两大问题的答案均由 STP 决定。**

通过"市场细分"（Segmentation）、"目标市场选择"（Targeting）、"市场定位"（Positioning）这 3 个步骤，企业可以明确为谁提供何种价值。本质上 4P 只是实现 STP 的手段。

因此，"**应当先进行 STP，后执行 4P（MM）**"。

在初期市场细分中，客户的年龄和性别是最常见的划分依据。因为这两项基本信息能够揭示消费者所处的人生阶段及其成长的社会背景。再结合需求调研，可将市场细分为数十个细分市场。

接下来，目标市场选择就是选择特定的细分市场（见图 2-4）。

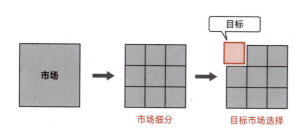

▲ 图 2-4 市场细分与目标市场选择

以日本的*绿茶饮料市场*为例（见图 2-5），麒麟"*绿茶*"（2000 年推出）精准锁定女性消费者群体，通过研发甘甜可口（而非传统苦涩口味）的饮品，成功扩大了市场份额。**三得利的"伊右卫门"**

（2004 年上市）最初的目标客户是年轻男性，凭借"更优质"的品牌形象，辅以收购老字号品牌和采用先进的无菌灌装生产线①，同样备受市场的青睐。

如何区别于竞争对手：市场定位

与前两款饮品的目标顾客不同，绿茶饮料市场占有率最高的**伊藤园"喂茶"面向的是广泛的消费者群体。自 1988 年②推出以来，男女老少皆知，十分畅销，无须特别针对某一细分市场**。这意味着，"绿茶"与"伊右卫门"的定位，就是为了**在与"喂茶"这一全面覆盖市场的领军品牌竞争时，凸显自身独特的价值**。

明确"为谁""提供何种价值"，以及如何将这些**与竞争对手明确区别开来**，这就是**市场定位**。

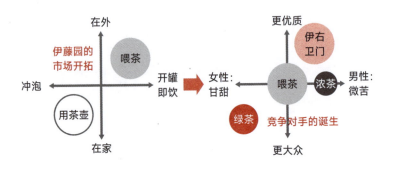

▲ 图 2-5　绿茶饮料的市场定位图

----

① 由于工厂整体保持无菌状态，饮料灌装容器后不需要高温杀菌，因此能够保持美味。

② 最初的商品名为"煎茶"，1988 年改为"喂茶"，出自当时的宣传广告用语。

不可盲目地进行市场细分和目标市场选择

市场调研与客户研究越是深入，就越能揭示多样化的信息与需求，**也就越让人想更细致地细分市场**。消费品市场（B2C）与生产资料市场（B2B）的细分策略各有侧重。前者通常依据性别、年龄、地域、收入水平、职业、教育背景及家庭构成等维度构建细分框架；后者则主要评估行业类别、企业规模（销售额与员工数量）、采购模式等要素。

将上述维度交叉组合，**细分市场的精细度就会变高，可以产生无数个细分市场**。若将年龄区间从每 10 岁缩减至每 5 岁，则细分市场总数可以增至原来的 2 倍；若将日本地理划分从都、道、府、县细化至市、町、村，细分市场总数将增长至原来的约 37 倍。然而，**企业能否满足愈发精细化的需求呢？**

随着细分市场数量的增加，每个细分市场的潜在规模（目标人群或企业数量）相应缩小，导致单个市场的销售额降低，定制化的成本上升。定价过低则经济效益上不可行。反之，若市场划分过于宽泛，目标群体变得模糊不清，企业可能陷入无法满足所有客户需求的困境。因此，**市场细分应当有一个恰当的细分尺度**[①]。

在锁定目标市场时，必须精确地评估细分尺度。随后，在**市场定位阶段**，需要分析与竞争对手的差距，目标市场是否存在重叠，以及重叠部分**能争取到多少市场份额**。这直接关系到销售额预测的准确性。

---

① BCG 称其为战略性市场细分。

20

制造业同样需要对目标市场进行精细化分割

大规模生产、大规模营销

分众

一对一营销

创客、第三次工业革命

福特
通用汽车
博报堂

福特的成功源于过去单一的目标客户

尽管工业革命在 19 世纪末至 20 世纪初持续推进，但进入 20 世纪后，商业模式依旧较为简单。当时，目标客户群体单一，企业所提供的价值也仅限于最基本层面，这是一个大规模[1]生产、大规模营销的时代。这一时代的标志性产物就是福特的 T 型车（1910 年）。

福特当时瞄准的客户群，正是迅速膨胀的"富裕的大众"。美国人口在半个世纪内增长了 2 倍，逼近 1 亿大关。在福特那样的工厂工作的工人，不仅拥有个人交通工具，还在郊区拥有了独立住宅，由此形成了庞大的中产阶级群体。

洞察到这批中产阶级所追求的"坚固且经济"的价值取向，福特引入了分工体系与流水线生产模式，显著提升了企业效能，成功将汽车制造成本压缩至原先的几分之一。

通用汽车的斯隆总裁通过目标市场细分实现大逆转

后来，通用汽车公司总裁艾尔弗雷德·斯隆[2]敏锐地察觉到，"富裕的大众价值取向不再单一"，基于此，他面向客户推出了 5 个具有差异化的品牌。他们为追求潮流的年轻人提供了价格亲民的雪佛兰[3]，而为成熟的高净值人士量身打造了昂贵高端的凯迪拉克车型。

为了精准对接 5 类具有不同兴趣偏好的客户群体，通用汽车重新调整组织架构，设立了 6 个独立部门，包括总部及 5 个品牌专属

---

[1] Mass，作形容词时翻译为"大规模的""大众的""广泛的"。20 世纪的大众媒体（广播、报纸等）正是面向广泛大众的大规模信息传播手段。
[2] Alfred Sloan Jr.（1875—1966）。
[3] 通用汽车 5 大品牌之一，以年轻人为目标客户群体。

的事业部。

每个事业部集商品研发、生产制造及销售于一体，享有高度的自主权，只需对财务盈亏负责。然而，放权管理虽赋予了各事业部极大的灵活性，却也潜藏着未知的风险。因此，**总部牢牢把控资金（会计）以及市场与客户信息。**

严格监控资金流动与收支状况，可以有效地将不当行为遏止在初始阶段。只要精准捕捉客户满意度的动态，就可以及时评估是否要降低产品或服务的价格。至此，组织理论中的"事业部制"得以完善。

借助这一独特的组织运作能力，**通用汽车成功对接了美国民众逐渐多元化的需求，** 顺利度过了 20 世纪 30 年代[1]的经济大萧条。这也意味着，固守大规模生产的福特 T 型车，逐步走向了没落。

20 世纪 80 年代以后，客户分化成个体

20 世纪 70 年代之前，报纸、广播电视等大众传媒崛起，众多企业致力于面向广泛受众的大规模营销。至 20 世纪七八十年代，企业转向特定细分市场成为一种趋势。**1985 年，博报堂指出"日本消费者已不再是同质群体，早已分化成'分众'"**[2]。于是，日本制造商开始尝试多元化、小批量生产模式，但实施难度却不容小觑。

步入 **20 世纪 90 年代**，市场细分理念达到极致，**"一对一营销"应运而生。**《一对一营销》（1995）一书的作者唐·佩珀斯[3]等人倡导

---

[1] 1929 年 10 月，美国股市大跌引发了经济大萧条，美国花了十多年才得以恢复。
[2]《分众的诞生》（1985），博报堂生活综合研究所。
[3] Don Peppers（1950—）。

视每位客户为独立个体，提供个性化服务。这既是必要之举，也是可行之策。

现实中将市场细分至数万个目标市场的创客世界

尽管销售策略趋向一对一，但对实体商品进行针对每位客户的定制化（Customization）仍然是一项艰巨的任务，而客户需求本身也在不断演变。

《长尾理论》与《免费：商业的未来》揭示了互联网时代的营销与盈利模式。其作者**克里斯·安德森**[①] 已将创新的战场从互联网领域拓展至制造业。2012 年 11 月，他卸任《连线》杂志主编职务，专心经营 2009 年由他创立的无人机制造公司 3D Robotics。

在**《创客：新工业革命》**（2012）一书中，安德森断言：**"制造业正在迎来新一轮变革。"**

他指出，**借助 3D 打印机等"四大法宝"**[②]**，多数产品原型可在极短的周期内实现快速迭代。样品出炉后，产品优化进程得以提速**，借助众筹平台（参照第 234 页）融资也变得轻而易举。全球范围内，配备此类设备的"工厂"（FAB）[③] 已达数千家（见图 2-6）。安德森预言：**"这将催生数不尽的小众（约一万人）利基市场。""这才是第三次工业革命！"**

---

① Chris Anderson（1961— ）。
② 包括"3D 打印机""激光切割机""数控装置""3D 扫描仪"四项。
③ FAB 是 Fabrication（制造）的缩写词，主要指从事半导体制造的工厂设施。
　　——编者注

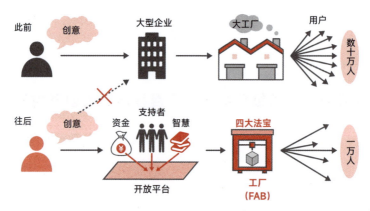

▲ 图 2-6　创客世界: 人人皆可制造的时代

资料来源: 改编自清水淳子为 2012 年《连线》年会 (Wired Conference 2012) 所作内容。

随着企业能力的不断革新, 制造业也越来越重视对目标市场进行精细化分割。

驱逐

乱"场"之辈。

红白机清除

劣质软件

大获成功

数字平台搭建者	FAANG、Uber
"场"（平台）服务	任天堂红白机

搭建"场"的数字平台企业时代

21 世纪被称为**数字平台企业**的时代。数字平台企业就是利用 IT 技术为第三方提供**"场"（平台）服务**的实体，不仅 FAANG（Facebook、Amazon、Apple、Netflix[①]、Google）、Uber（优步）等科技巨头，成千上万的企业都在竞相搭建"场"。

那么，"场"的商业模式究竟是什么呢？从丰洲市场[②]（原筑地市场）、金融市场到二手市场等众多的各类市场，再到剧场、展示场（展览馆）、竞技场……每个"场"都是一个独特的市场或场所，**除了经营者以外，还有表演者与观众、参展商与买家、摊主与顾客等不同的参与方。**

将众多相关人员聚集起来，并提供交易的基础设施，这就是"场"的商业模式。作为运营这些"场"的平台搭建者，他们通过收取摊位费、入场费、展览佣金和合同佣金等方式来获利。

作为以消费者为中心的"场"的商业模式先驱，**任天堂的红白机**[③]值得关注。

任天堂打造的世界第一平台

在能够使用多种软件的家用游戏机中，最早取得显著成功的是**美国雅达利的 VCS**（1977 年上市，后更名为 Atari 2600）。然而，过度依赖硬件销售而不控制软件质量，导致**市场上低品质的软件泛滥**，最终在 1983 年引发了被称为**"雅达利冲击"**的市场崩溃。

----

① 奈飞，美国最大的流媒体服务公司，成立于 1997 年，最初提供在线 DVD 租赁服务。
② 日本最大的水产市场。——编者注。
③ 正式名为家用游戏机（Family Computer）。

同年 7 月，**任天堂推出了家用游戏机红白机**。任天堂放弃了动荡的街机业务，投入了从游戏和手表业务中赚取的资金，展开了一场大规模的竞争。社长山内溥（1927—2013）从"雅达利冲击"中汲取教训，认识到**"不能放任低品质的软件流通"**。他强调，不仅要重视红白机这一硬件，更要保证游戏软件本身的高品质。为了普及红白机，任天堂采取了以下措施：

- 即使**游戏机本身**可能面临亏损，仍选择**低价销售**①。
- 公司依靠**自家开发的软件引领**红白机的普及。将商用游戏如"大金刚""马力欧兄弟"②移植到红白机。
- **游戏软件定价略高**。为 5800 日元，从中抽取版税以增加**收入**。
- **对于其他公司的软件，采用许可证制度，包括事前审查**。最初，只有哈德逊、南梦宫、卡普空和太东等大型企业获得了授权。

红白机在发售半年后销量迅速攀升，游戏软件如《超级马力欧兄弟》（1985 年，任天堂，售出 681 万套）、《职业棒球家庭竞技场》（1986 年，南梦宫，售出 205 万套）和《勇者斗恶龙》（1986 年，艾尼克斯，售出 150 万套）等在市场上大受欢迎。到 1989 年，任天堂的销售额达到了 2900 亿日元。

红白机最终大获全胜，全球总销量达到了 6300 万台（其中 70% 销往海外市场），其成功势头延续至下一代 16 位③游戏机——超级任天堂娱乐系统（Super Nintendo Entertainment System，1990 年）。

---

① 当时的发售价是 14 800 日元，几乎等同于任天堂游戏机的生产成本价。
② 制作人为横井军平，设计师为宫本茂。宫本茂在那之后创作了很多作品，支撑着任天堂。
③ 指 CPU 一次处理的信息量。二进制中的 1 位数是 1 比特（bit）。红白机是 8 位机，而 PlayStation（PS）是 16 位机。

任天堂为了保护和培育"场"所采取的行动

任天堂凭借红白机开创了家用游戏市场里程碑式的**商业模式**（见图 2-7）。

目标 （客户）	·小学男生	·大型软件制造商
价值 （提供的价值）	·廉价的游戏机（"场"） ·价格昂贵但有趣的游戏	·游戏机的普及（"场"） ·一款游戏的毛利
企业能力 （运营、资源）	·本公司软件开发能力（《超级马力欧兄弟》等） ·对其他公司软件的事前审查能力、ROM 卡带生产能力	
盈利模式 （利润）	·游戏机本身赤字，但能够通过游戏软件的版税等 途径来实现盈利，即"刀片替换模式"	

▲ 图 2-7 任天堂红白机的商业模式

雅达利仅把外部软件制造商看作"创作游戏的第三方"，而任天堂与外部软件制造商建立了更为紧密的合作关系。因为**用户追求的并不仅仅是游戏机，他们更看重的是游戏机上丰富的高品质游戏**，特别是那些高品质且知名的人气软件，而非那些不值一提的低品质软件。因此，任天堂**"场"的商业模式核心目标**是吸引以小学男生为主的客户群体及**大型软件制造商**。

与仅制定标准却未从中获利的 IBM 个人计算机和雅达利 VCS 不同，**任天堂通过清除低质软件**[①]，利用红白机塑造了一个安全可靠的投资与收益平台，构建起了一个**"共生系统"**。

正是凭借这一显著优势，任天堂在长达 11 年的时间里，连续击败了世嘉、万代等对手。直至 1994 年索尼 PlayStation（PS）问世，才打破了这一局面。

----

① 演员三浦纯将这类低质软件命名为"粪作"。

21

在执行 **4P** 前,
先审视价值

MM
4P 一
"切勿只在广告上花钱"

4P 的实质

在市场营销领域，4P 营销理论可谓耳熟能详，由杰罗姆·麦卡锡[1] 在其著作《基础营销学》（1960）中提出。该理论将所有的营销活动归纳为**产品**（**P**roduct）、**价格**（**P**rice）、**渠道**（**P**lace）和**推广**（**P**romotion）这 4 个 "**P**"。

麦卡锡重点强调，在 4P 中，"**切勿只在广告（指推广，即 Promotion）上花钱**"，而 "**应均衡组合 4P**"。因此，4P 也叫**营销组合（Marketing Mix，MM）**。

然而，4P 中的各项并非平行概念。在执行 4P 之前，需通过 STP 流程明确 "为谁" "提供何种价值"。**价格**（Price）是价值的一部分（如低价策略，参照下一节），**产品**（Product）则是实现 STP 目标的具体方案。相比之下，**渠道**（Place）与**推广**（Promotion）**仅是将产品送达目标客户手中的工具**（见图 2-8）。

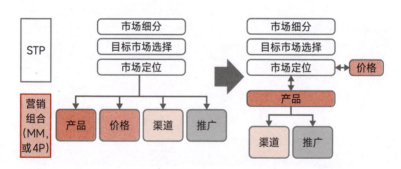

▲ 图 2-8　4P 的实际定位

因此，首要任务是审视 "价值是什么"。

----

[1] E. Jerome McCarthy（1928—2015）。

22

化不满

为价值！

对切口的不满

孕育了

"直线美"

使用价值（核心价值、
实体价值、附加价值） | 米其邦 "直线美"
交换价值（价格）
认知价值

使用价值就是商品的效用

商品的价值由两方面构成：一方面体现**使用商品能给使用者带来多大程度的愉悦感**，即**使用价值**（效用[①]）；另一方面体现**购买商品需要付出多少代价**，即**交换价值**（价格）。唯有"**使用价值 > 交换价值**"，客户的**满意度**才会比较高，客户进而才有可能复购。反之，若使用价值不及竞争对手，商品将可能被淘汰。

使用价值有 3 层结构[②]，按重要性从大到小、由内向外依次被称为核心价值、实体价值、附加价值：

- **核心价值**（没有则不买）：基本功能。
- **实体价值**（吸引购买）：品质、品牌、设计、特殊功能等。
- **附加价值**（锦上添花）：保修、配送、售后服务、信誉度等。

拿胶带切割机来说，核心价值必然是"固定、切割胶带"（见图 2-9）。

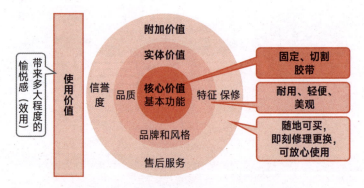

▲ 图 2-9　使用价值的 3 层结构：胶带切割机

---

① Utility。也可以用利益（Benefit）来表示。
② 科特勒在《营销管理》（1967）中提出了产品三层次理论（three product levels），以阐述产品价值的概念。

核心价值的革新往往意味着商品的彻底改变（创新），难度颇高。 附加价值固然重要，却不易直接影响客户的购买决策。因此，提升使用价值的**主战场是实体价值**部分。

意识到这一点，各企业都致力于通过**提升品质、强化品牌、优化设计、引入特殊功能**等方式"提升实体价值"，力求打造出差异化的产品，以期增加销售额与利润。

米其邦凭借"直线美"挑战价值的变革

以生产"透明胶带"著称的米其邦[1]，2010 年推出了一款名为"直线美"的胶带切割机，首年销量突破 3 万台，5 年半累计销量逾 60 万台。尽管价格偏高，但它的直线设计时尚新颖，尤其**"摒弃传统锯齿边缘，主打笔直切口"**这一特点成为独特的卖点。

用户反馈显示，近四成的消费者**"反感胶带的锯齿状切口"**。用户普遍抱怨外观不雅、易沾灰尘、撕扯时易纵向断裂等问题。历经 30 次的试验与改进，米其邦技术团队终于发明了直切刀刃，安全不伤手，而且直线切割效果出众。这款形状特异的刀片，还获得了专利保护。

"直线美"并非面向普通大众，它的**目标客户**是"厌恶锯齿，追求完美切割"的专业用户。

它的**使用价值**（从实体价值层面来看）是"实现直线美观切割"，名称本身就是对这一价值的直观体现。正因为这一点，它的**交换价值**（价格）才会略高一些。

---

[1] NICHIBAN。"透明胶带"既是米其邦的注册商标，又是此类产品的通用名称。

凭借着这一优势，米其邦在这一细分市场独占鳌头，构建了无可撼动的独特市场地位。

不宜凭借广告过度拔高认知价值

在价值概念中还存在一个**认知价值**[1]。不管商品和服务的使用价值有多高，如果客户不知晓，购买意愿就无从谈起。真实的产品和服务到底如何，客户不经体验就不能深入了解，所以企业常通过广告与促销手段提升认知价值（参照第 116 页）。

然而，**在商业实践中，认知价值过高或过低均可能导致失败。**认知价值低于交换价值，自然没有买家，只能出局；反之，广告投放过度，认知价值飙升，客户期望随之虚高，一旦使用价值未能匹配，满意度则会骤降（见图 2-10）。**客户满意度实则取决于实际体验是否超越预期**，所以不可盲目抬升认知价值。

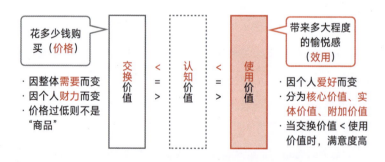

▲ 图 2-10　交换价值 < 认知价值 < 使用价值

---

[1] Perceived Value，即客户依靠感觉认识的价值。

最具

苹果公司

特色的产品：

iPod

"过往的颠覆与重塑"
巨大的现有市场 ｜ 苹果公司 iPod
感官品质

乔布斯的"新产品"在某种意义上只是"追随"

2011 年 10 月 5 日，巨星陨落，**史蒂夫·乔布斯**①，这位一手缔造全球首屈一指商业帝国的传奇人物，最终离开了他所热爱并为之拼搏一生的苹果公司。罹患多年的胰腺神经内分泌肿瘤引发的心搏骤停，让他的生命戛然而止。据说他临终的样子，仿佛是在家中安然入眠。

他的一生跌宕起伏，从开启创业征程②到被超越，再到王者归来，重振雄风，引领苹果公司实现了市值达 3500 亿美元的惊人飞跃。即便乔布斯的讣告来得突然，但苹果公司的股价依然波动甚微。

苹果公司的辉煌业绩，源自几大产品线的卓越表现，其中大多是在 21 世纪初乔布斯的掌舵下问世的。仅看 2011 年 10—12 月的销售额，其中 **82% 就源于 2001 年后的新品**（见图 2-11）。

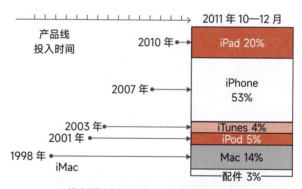

（各产品线占比相加未等于 100%，这是经过了四舍五入处理所致。）

▲ **图 2-11 苹果公司的销售额构成（2011 年 10—12 月）**

---

① Steve Jobs（1955—2011）。21 岁创立苹果公司，56 岁去世。
② 乔布斯与共同创始人史蒂夫·沃兹尼亚克和罗纳德·韦恩共同创立苹果公司。由于 Apple I 销售情况不佳，韦恩立即辞职，并放弃了 10% 的股份。

短短 3 个月内，iPhone 销量高达 3704 万台，iPad 售出 1543 万台，iPod 卖出 1540 万台。iTunes 虽然仅仅贡献了 4% 的销售额，但其影响力却远超音乐范畴，涵盖了各类内容，搭建起全球用户与创作者的桥梁。

单看这些骄人的业绩，就有人赞誉乔布斯创造了一个新世界，誉其为创新巨匠，但事实并非如此，因为**这些产品新颖度并不高，在苹果公司诞生前就已存在多时**。

就拿平板电脑来说，GO 公司早在 1991 年便推出了 PenPoint 操作系统，对这一领域进行了探索；1996 年，诺基亚 9000 Communicator 开启了智能手机的先河，RIM 公司的黑莓手机也紧随其后，于 1999 年风靡一时。在数字音频播放器市场，索尼等厂商早已混战多时，苹果公司姗姗来迟；iTunes 亦非首创，流媒体音乐服务早有先例，像索尼等企业早已多次尝试。

从战略视角来看，乔布斯并未凭空造物，而是**颠覆旧有，重塑新生**。然而，为何只有他的重塑成功了呢？

瞄准庞大的现有市场，以压倒性的感官品质取得胜利

苹果公司自 iPod 以来取得的成功，实质上遵循着一套简单模式：**瞄准成熟的市场，以卓越的设计与感官品质碾压对手，一举夺得市场份额**。

2001 年末，**iPod 惊艳问世**，成为苹果公司命运的转折点。随后上市的 iPhone 可以说是通话版的 iPod touch，iPad 则相当于放大版的 iPod touch。

乔布斯亲临融合探索的 iPod 研发前线，高呼"打造极致苹果体验"。副总裁亲自操刀，全公司上下一心设计出的"触摸轮"，既是第一代 iPod 的标志性元素（见图 2-12），也在日后的 nano 与 classic 系列中大放异彩。第一代 iPod，就设计与操作性而言，彻底颠覆了传统的数字音频播放器。

被乔布斯称作"最具苹果公司特色的商品"。虽然这是苹果公司最后一款便携式数字音频播放器，但它的设计理念（可以携带整个音乐库）和高感官品质以及使用方便的用户界面（User Interface，也就是 UI，触摸轮的采用就是其体现之一）使其人气颇高。由于公司内部此前没有开发音乐产品相关的经验，开发工作相当依赖外部的支持。

触摸轮

图片来源：iStock 网站。

▲ 图 2-12　第一代 iPod（2001 年）

随身听问世以来，便携音响的**实体价值始终聚焦于音质与便携**。索尼深耕此道，力求更小、更轻、音质更佳。苹果公司另辟蹊径，**哪怕产品体积略大，也优先考虑能携带个人音乐库**[①] 的便利；即便价**格稍高，也决意以设计与品质取胜**，开辟了生存之道。

关键的转折点出现在 2003 年，即乔布斯向 *Mac* 与 *Windows* 个人计算机用户开放 *iTunes* 时。得益于此举，**市场瞬间拓宽**，销量激增，反过来带动了 Mac 的销量增长。

[①] 其存储介质使用了小型硬盘而不是闪存。在这方面的先驱是 Remote Solutions 公司的 The Personal Jukebox（该产品于 1999 年问世，容量为 4.8GB）。

23

在 B2B 模式下，要主攻系统价值

QCDS
系统价值大于单个价值
咨询销售

爱速客乐
基恩士

在 B2B 模式下，价值是 QCDS

在商务采购中，不存在盲目消费的情况。客户每次采购，都是经过对功能或价格等方面进行全方位考量后做出的抉择。

首要的考量因素是能否满足核心需求（规格）。以轮胎为例，要考量的不仅包括尺寸（外径、轮辋直径、宽度）、最高速度、负荷能力，还包括制动性能、静音效果、耐磨性和操控性能，只要有任意一项不符合需求，均不予采纳。在此基础上，还要进一步追求QCDS（见图 2-13）。

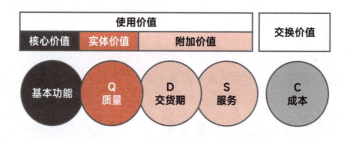

▲ 图 2-13　B2B 中的价值结构: QCDS

- **Q（Quality）：质量。**产品瑕疵率低，质量可靠。
- **C（Cost）：成本。**价格合理，性价比高。
- **D（Delivery）：交货期。**交货及时，随处可获取产品。
- **S（Service）：服务。**咨询过程顺畅，支持服务到位。

其中，成本常为首要考量因素，但高质量、优质服务与快速交货同样关键，且各要素权重相当，没有明显差异。

B2B 模式更重视系统价值，而不是单个价值

在 B2B（企业对企业）模式下，销售企业所提供的商品和服务极少被单独使用，**往往作为某个系统的组成部分发挥作用**，比如制造业中的零部件，或客户管理系统内的人脸识别应用。

客户企业在利用这些组件时，必须基于 QCDS 进行考量，即采用该零部件或应用程序将对本公司系统整体的 QCDS 产生何种影响。

例如，缺陷率由百万分之二降至百万分之一，虽看似变化微小，**但若能实现零缺陷，客户就不必再进行零部件检验和质量控制**。这样一来，即使单价不变，也能显著降低总体成本。

若交货期极短，客户就无须对库存进行精细化管理。

办公用品经销商爱速客乐（ASKUL）的客户原本是中小型企业。以往，业界鲜有企业能迅速供应少量办公用品。无论是圆珠笔还是复印纸，虽然它们不直接影响业务进展，但一旦短缺就会产生诸多不便，因此需要严格管理库存。

此时，如果爱速客乐能实现**明日送达**[①]（在主要城市圈[②]可实现当日送达），**客户就不必再进行库存管理了**。

为何爱速客乐如此强大

因为，影响更为深远的是服务。为客户代劳，解决客户自身难以完成的任务，可以创造出巨大的价值。在 B2B 模式下，"**咨询销售**"一词使用频繁，指的是"**深刻理解客户真实需求**"并"**提供量身定制**

[①] 在日语中，爱速客乐与"明日送达"的发音一样，都是"asukuru"。——译者注
[②] 以东京都行政区为例，包括东京都区部的 23 个区和主要的 5 个市。

解决方案"的服务型销售。

以开发销售工厂用传感器为主业的**基恩士（KEYENCE）**，以丰厚的薪资与高利润率而闻名。这一高附加价值的源泉正是基恩士坚定不移的咨询销售策略。尽管基恩士拥有"全球首创""业界领先""超小型化"等产品优势（如 FA 传感器），但它并没有止步于单纯的推销。基恩士的营销秘诀在于为客户（无偿）提供专业咨询，精准定位那些只有"独一无二"的产品才能解决的痛点。一旦客户认同了这一价值，商品便自然而然地畅销起来。

因此，基恩士员工[1]的平均年薪高达 2279 万日元，位列日本上市公司薪酬榜第二；而它的营业利润率超过 50%，在制造行业中位列榜首[2]。

---

[1] 平均年龄为 35.8 岁（2023 年 3 月）。
[2] 日本制造业的平均营业利润率在 5% 左右。（摘自 2017 年度日本《法人企业统计》。）

24

开发"客户乐意推广的独特产品"

何时做何种推广为宜：AIDMA 法则

20 世纪 20 年代，第一次世界大战后的美国经济空前繁荣，福特 T 型车的销量激增。那个时代是一个以富裕阶层为目标，进行大规模生产、大规模广告投放以及大规模销售的时期。

S. 罗兰·霍尔 [1] 在其著作《零售广告与销售》（*Retail Advertising and Selling*，1924）中，提出了**解释消费者心理进程的五阶段模型——AIDMA 法则** [2]，明确了在新商品推广阶段，应在何时向哪些人群做何种推广。

- **引起注意（Attention）**：面向对产品一无所知的群体，借助广告与直邮的方式激发初步认知。
- **引起兴趣（Interest）**：对已知晓产品的群体深化信息传递，利用传单与杂志文章等方式激发兴趣。
- **唤起欲望（Desire）**：向感兴趣者提供试用机会，结合促销与宣传活动降低购入门槛，激发其购买欲望。
- **留下记忆（Memory）**：对欲购者，运用重复广告维持其购买热情，并适时激发其行动意愿。
- **购买行动（Action）**：针对即将在线下门店或电商平台下单的客户，推出"库存仅余三件""免息分期"等限时优惠活动，促使其立即行动。

在 B2B 销售中，这一法则同样适用。无论 B2C 还是 B2B 销售，AIDMA 法则都在展示如何将潜在客户逐步引导至成交。

---

[1] Samuel Roland Hall（1876—1942）。

[2] 1898 年，圣·E. 刘易斯率先提出了"AIDA 模式"，它在美国是主流。

随着 AIDMA 法则的推进，目标"客户"数量逐渐减少，这一过程可用形似漏斗的图形描绘，称为**购买漏斗**（参照下文）。

购买漏斗的下一步：口碑推广

个人或企业购买完商品后，营销就此结束了吗？并没有！满意的体验会驱动客户再次购买，而极度满意则可能激发客户向身边人推荐。

这种口碑推广才最具影响力，应当纳入营销策略。揭示购买后客户行为路径的是影响漏斗模型：从**复购（Repeat）**到**分享（Share）**再到**引荐（Referral）**，客户的忠诚度逐渐攀升（见图 2-14）。

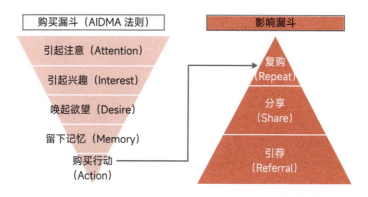

▲ 图 2-14 两大"客户漏斗"：购买漏斗和影响漏斗

在独立式住宅行业，**口碑推广尤为重要**。从定制住宅来看，积水屋（Seikisui House）的市场规模最大，但市场占有率却仅为个位数，说明众多地域性的承包商实力强劲，市场较为分散，竞争激烈。在这种情况下，反复推送电视广告仅能提升人们的认知，但难以增加人们的兴趣与期待。然而，当听到友邻称赞"积水屋，真棒"时，人们的兴趣就会增加。

　　大型房屋制造商的新客户约有一半来自老客户的推荐。不过，在五级满意度评价体系中，唯有最顶级的满意度才能激发有效的口碑推广。单纯的"满意"难以显著提升销量。

　　因此，**售后服务与产品质量同等重要。**即便像独立式住宅这类非复购产品，也需要提供卓越的售后服务。正因为是非复购产品，所以卓越的售后服务显得更为关键。

网络带来的"搜索"和"分享"

　　1998 年创立的谷歌，直到 2000 年才探索出"检索词（关键词）广告"模式[①]。凭借卓越的搜索精准度，**当人们遇到兴趣点时，不再翻阅杂志或亲临店铺，而是选择上网搜索。**这让企业只需在谷歌平台投放广告，即可实现高效营销，而且成本可控。

　　随后，Twitter[②]（2006 年创立）、Facebook（2004 年创立）、Instagram（2010 年创立，参照第 58 页）相继兴起，**人们一遇到喜爱的事物便立即分享出去。**

　　洞察到这一趋势的广告巨头电通（DENTSU）迅速提出了 **AISAS 模式：引起注意（A**ttention**）→引起兴趣（I**nterest**）→主动搜寻（S**earch**）→购买行动（A**ction**）→进行分享（S**hare**）。**这一体系巧妙地衔接了网络时代的两大"客户漏斗"，堪称营销策略的典范。

　　然而，置身于连认知都由 YouTube 和 Instagram（而非传统电视）主导的时代，客户的行为将如何演变呢？这需要企业在商业实践中深入研究。

[①] 提议者是斯科特·巴尼斯特，而实现商业化（Overture）运营的是比尔·格罗斯。谷歌则运用此模式另外开发了 AdWords，虽曾被起诉侵犯专利，但最终达成了和解。
[②] 2023 年 7 月更名为 X。

25

完美无缺的 PLC 战略，"营销已死"？

PLC 战略

罗杰斯的 5 种顾客分类 ——

创新者、早期采用者

迪恩的 PLC 启蒙和价格战略

科特勒《营销管理》提及的**产品生命周期**（product life cycle, **PLC）战略**，源于 1950 年乔尔·迪恩[1] 发表的《新产品定价策略》（*Pricing Policies for New Products*）。

作为企业财务专家，迪恩告诫道："**切勿凭直觉和胆量给新品定价！**""应动态监控生产与销售成本，适时降本增效。""高价亦有客户购买的产品，切勿轻易降价。"

受迪恩研究的启发，众多学者开始探索**产品生命周期（PLC）的真实性、模式以及各阶段的应对策略**。事实上，PLC 理论已在多个市场领域得到广泛认同。

罗杰斯的 5 类客户划分

埃弗雷特·罗杰斯[2] 在其著作**《创新的扩散》**（1962）中，精辟解析了市场接受度背后的机制，将客户细分为"创新者""早期采用者""早期大众""晚期大众""落后者"5 类（见图 2-15），并详述各自特性。

率先接纳革命性新品的是创新者，他们是 **PLC 初始期的主要消费群体**。由于对新颖事物的热爱，即使价格高昂，他们也依然愿意尝试，但因其比例仅占市场的 2.5%，故初期市场规模有限。**进入成长期后，早期采用者及早期大众逐渐加入消费行列。**早期采用者虽同样热衷于新奇，却非纯粹的"极客"（即创新者），因此需要适度降价以吸引这部分客户。鉴于其数量庞大，市场随之迅速扩张。然而，一旦触及某个界限，消费者基数的增加将放缓，市场步入成熟期。

---

[1] Joel Dean（1906—1979）。
[2] Everett Rogers（1931—2004）。

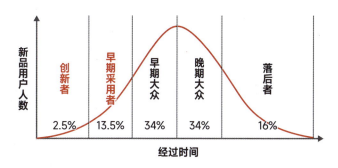

▲ 图 2-15　罗杰斯的 5 类客户划分

罗杰斯主张，"只要锁定创新者与早期采用者，后续推广自会水到渠成。关键在于抢占市场前 16% 的份额"。

多勒完善了 PLC 战略：营销已死？

结合 PLC 理论（涵盖 4 个阶段）与创新普及理论（识别 5 类客户），再融入营销组合，一套**全面的营销战略**应运而生——**PLC 战略，由彼得·多勒**[①]**于 1976 年系统总结而来。**

PLC 战略一经问世，学术界便有声音宣称"**营销已死**"。评论者认为："PLC 战略无懈可击，囊括了营销的所有要素，未来的研究空间已然不再。"

依据 PLC 战略（见图 2-16），当商品处于市场初始期时，其所需功能仅需满足基础需求即可，因为该商品本身即具革新意义。定价宜高，分销渠道限于专业零售店，广告投放则聚焦于行业杂志。但此时销量有限，市场规模狭小，毕竟目标客户是"创新者"，占比

---

① Peter Doyle（1943—2003）。

仅为 2.5%。鉴于竞争者稀缺，尚不存在价格战，战略重点转向市场拓展，营销目标定位于提升知名度（"引起注意"）。

	初始期	成长期	成熟期	衰退期
销售规模	极小	急速上升	缓慢上升	下降
利润	亏损	高水平	下降	低水平或 0
现金流	负	持平	高水平	低水平
客户类型	创新者	早期采用者	早期及晚期大众	落后者
竞争对手	几乎没有	增加	数量很多	减少
战略	扩大市场	扩大市场份额	守住市场份额	提高生产效率
营销目标	建立认知	确立品牌	强化品牌	选择性调整
产品	基础功能	改良	差异化	合理化
价格	高水平	降低水平	最低水平	上涨
渠道	专卖店	零售商店	零售商店	选择性调整
推广	行业杂志	大众	筛选的部分大众	极少

▲ 图 2-16 PLC 战略示例

此时，利润表现为亏损状态。因为要增强产品功能，须加大研发投入，所以现金流呈现负值。鉴于产品尚未步入成长期，无须投入大规模生产设备，也无须在大众媒体上进行广告宣传，因此财务压力相对可控。

PLC 战略就这样**将 STP 与 MM 相融合，明确不同阶段的战略导向与营销目标，进而对业绩表现进行预判。**一旦确定产品所处的 PLC 阶段，战略框架就一目了然，因而 PLC 战略被视作完备理论也不足为奇，但实际情况并非如此简单。

26

营销未死。
应抓住创新者，
提高地位，
跨越鸿沟

竞争性营销战略
鸿沟理论（早期大众）
客户开发（创新者）

好侍食品
爱思必食品

矛盾：竞争地位决定战略吗？

PLC 战略乍一看很完美，但在实际制定公司战略阶段，却暴露出忽视"竞争"维度的问题。**1980 年，科特勒提出"竞争性营销战略"，定义了 4 种竞争地位，详述了相应的营销策略。**该理论也叫竞争地位战略。

- **领导者**：市场份额最大的持有者，目标为稳固品牌。策略为同时进行"市场扩张""攻防并举""份额提升"。
- **挑战者**：市场份额仅次于领导者，欲取而代之。策略为着力于差异化与创新。
- **跟随者**：市场份额次于前两者，重点在于维持。不积极投资，通过模仿实现"低成本与产品同质化"，以求生存。
- **利基者**：依靠前三者不关注的特定利基（小规模细分）市场获取利润。对高度专门化的细分市场进行投资，建立进入壁垒。虽然在整体市场中的份额较小，但在特定细分市场内占据主导地位。

*好侍食品*作为盖浇咖喱和速食咖喱市场的领军企业，每逢秋季必定投放咖喱产品的电视广告。虽然花费不菲，但也别无他法，否则咖喱菜品可能被其他菜品蚕食，导致咖喱市场萎缩。

此时，作为跟随者的*爱思必食品*则按兵不动，因为看到好侍食品的咖喱广告，想着"对，今晚就吃咖喱"的消费者有时也会购买自家的产品。

正如科特勒所说："**竞争地位一旦确立，该做的事（战略）便随之确定。**"

然而，在其著作《营销管理》（第 4 版）中，紧接其后介绍的是 PLC 战略，该理论主张"一旦产品阶段明确，战略方向也就明确了"。这两者看似矛盾，实则相辅相成。

毕竟，**仅凭单一视角难以全面规划商品的营销战略**，而有一种融合了以上二者的模型便是 BCG 提出的**增长 - 份额矩阵**(参照第 37 页)。该矩阵将横轴设定为相对市场份额，这在一定程度上隐含了竞争地位这一要素；纵轴则代表市场增长率，能够间接反映产品所处的阶段。

界限①：普及的壁垒（鸿沟理论）

将客户分为 5 类的罗杰斯（参照第 120 页）曾指出，能否从创新者延伸至早期采用者（二者合计占比 16%），是成败的分水岭。理论上，只要到达这一步，商品就能轻而易举地推广至其他客户群体中。可惜，现实往往事与愿违。

营销顾问**杰弗里·摩尔**[1] 在研究高技术产业后表示，**早期采用者与早期大众间存在着难以跨越的鸿沟（Chasm）**（见图 2-17）。为突破这一壁垒，**迈向广阔市场，必须对早期大众施以特殊营销**[2]。这便是摩尔提出的"**鸿沟理论**"。

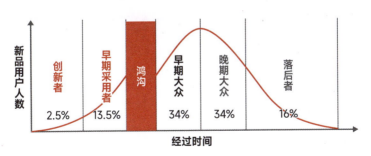

▲ 图 2-17 摩尔的鸿沟理论（难以跨越的鸿沟）

---

[1] Geoffrey Moor（1946—）。

[2] 早期大众不喜欢变化，喜欢稳定，所以商品不必是"新奇的"，但必须是"让人放心的""好用的"。同时，因为他们容易受他人影响，所以来自有影响力用户的口碑宣传也很有效。

界限②：获得创新者（客户开发）

在上一章的经营战略中，史蒂夫·布兰克为何宣称"初创企业只需产品开发和客户开发这两个团队足矣"？原因就在于，多数初创企业尚未触及最初的创新者，便已折戟沉沙。

换言之，**唯有创新者（即前沿客户）才能孕育革新**。因为他们深刻理解产品的核心理念，并且可以指明哪些地方需要优化，哪些部分应当强化。

因此，**企业创始人或 CEO 必须主动执行"客户开发"（Customer Development）流程**。

首先，要进行①客户探索（寻觅创新者），继而开展②客户验证（让创新者试用并反馈）。若②行不通，则需"转型"（pivot），重返①阶段。

只有当①②都能顺利推进时，才能步入③客户生成（通过早期采用者验证影响力）与④构建公司（全面扩张）阶段。

总而言之，**"营销已死"之论纯属杞人忧天**，因为营销超越了看似完美的 PLC 战略，正在持续发展。

27

真正的 **产品** 源于
循环往复 的
深入洞察 与
简约 **原型制作**

设计思维
5 个循环步骤
原型制作
d.school

良品计划
IDEO
佳乐

"设计思维"是一种循环往复的观察与原型制作方法

设计咨询公司 **IDEO** 的凯利兄弟和蒂姆·布朗[1]等人在 20 世纪 80 年代创造出了一种产品开发方法，即**"设计思维"**（Design Thinking）。

IDEO 坚信**"唯有源自以用户为中心的试错，方能孕育优质方案"**。因此，该公司采取了一种持续制作原型样品、以试错为基石的灵活迭代方法。其产品开发流程遵循 **5 个循环步骤**（EDIPT）（见图 2-18）。

① **理解、共情（E**mpathy**）；**

② **定义问题（D**efine**）；**

③ **创意构思（I**deate**）；**

④ **原型制作（P**rototype**）；**

⑤ **测试验证（T**est**）。**

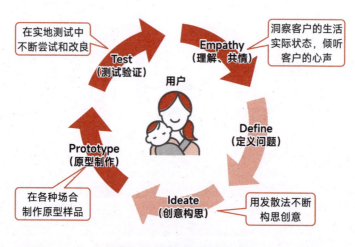

▲ 图 2-18　设计思维的循环过程

----

[1] David M. Kelley（1951—）、Tom Kelly（1955—）、Tim Brown（1962—）。

首先，**选定目标用户，展开深度访谈与观察**，旨在洞察个人经历及行为动机。购买背后的驱动力多种多样，所以唯有共情，才能激发创意构思（解决方案）。

其次，定义问题，并激发创意构思，以**头脑风暴、逆向头脑风暴及奥斯本 73 问**[①]为核心。

最后，着手原型制作与测试验证。尤其在原型制作阶段，该环节成为贯穿整个开发流程的"思维"利器，因为**它允许设计者通过实物样品与用户直接互动，从而促进沟通和理解，激发创意并精炼方案**。设计者不单纯靠演绎推理和直觉，而是通过直接询问用户"这个实物（样品）能否满足您的需求"的方式来验证和迭代设计方案。

通过"观察"获取灵感是第一步

设计思维源于深刻洞察用户状态与情感后产生的共鸣。它的**侧重点不在于问卷调查，而在于同用户对话中的"提问"与对用户真实使用场景的"观察"**。

以"无印良品"享誉全球的良品计划公司，其新品开发工作是由商品部的商品企划（Merchandising）组、设计室与品质保证部协同开展的。商品部确立主题后，设计室**提供"图片"等资料**，这些资料涵盖了所有同类产品、竞品及热销品的图片，乃至用户家庭的实景照片。此后 3 个部门会共同对这些图片进行仔细观察、深入思考，探求问题本质与解决之道。像以"长押"为代表的壁挂式收纳家具，就是设计者从这样的过程中获得灵感而开发出来的产品。

[①] 一种强制联想法，会列出"能否用于其他事情""能否分割"等问题，但笔者细数一下发现只有 71 个问题。

近年来，**通过观察获取灵感**在商业人种学（参照第 81 页）中也备受关注。

逐渐降低"原型制作"的门槛，不断尝试

IDEO 引以为豪的是其卓越的原型制作能力。它不仅有硬件与专家团队的"集体原型制作实力"，还有单人也能轻松驾驭的个体原型制作实力。

有一次，IDEO 携手全球领先的手术器械制造商——佳乐，共同探索"慢性鼻窦炎"的治疗方案。在佳乐召集的行业专家面前，IDEO 团队面临着严峻考验。会议室的气氛不同以往，格外凝重，IDEO 成员虽然积极探讨，但新构想始终停留于比画、描述的阶段，毫无进展。

关键时刻，IDEO 的一位年轻工程师飞奔出会议室。大约 5 分钟后，他手持一个以"白板笔"为枪管的玩具枪模样的东西，递给行业专家并问道："这是否就是您心中所想的样子呢？"借助这一实物模型，双方灵感碰撞，孕育出了一种名为"Diego"的手术器械。

这次经历充分表明"原型样品粗糙点也无妨""无须抱有过高期望"。毕竟创意在萌芽阶段，不管是脑中的构想还是桌上的草图，都模糊不清。只要有实物呈现，概念就能明晰、具体了。

d.school开创的未来

设计思维如今在全球各地的"d.school"（设计学院）中得到广泛传授。大卫·凯利（David Kelley）不满一些 MBA（也就是商学院）毕业生"高分低能"，因此，他率先在斯坦福大学创立了 d.school。相较于空谈理论，原型制作与验证更为关键，而 d.school 正是实践与学习设计思维的"平台"。

展望未来，我们将会见证怎样一番图景呢？

第二章 小结

什么是营销？

营销这个词对许多人来说并不陌生，然而它与经营（企业）战略的界限却很模糊。营销有时涵盖从产品开发到生产计划与管理、广告宣传乃至收益管理等诸多环节，几乎涉及经营（企业）战略的全部范畴。

在本书中，营销**以产品或服务为对象，以建立销售机制为目标，以设计和管理产品及其销售方式为主要职能**。这一概念由科特勒提出，在**《营销管理》**（1967 年首版）一书中得到推广。

营销流程及其主要环节

科特勒将"战略性营销流程"概括为"R → STP → MM → I → C"。

R 是调研，涵盖了**客户需求导向调研与技术种子导向调研**两个方面。客户需求导向调研通常采用问卷调查法，但往往难以摸清消费者的深层需求。在这种情况下，比较有效的方法是运用**商业人种学（Ethnography），也就是通过观察消费者的真实行为，而非仅依靠他们的口头回答**，以此来揭示隐藏的消费需求。如果问询不可靠，那就应当亲临现场、实际观察！

STP 包括市场细分（Segmentation）、目标市场选择（Targeting）和市场定位（Positioning）。**细分**不是简单地按照年龄、性别、地址对客户群体进行细分，**明确细分基准才是决定胜负的关键。目标市场的选择决定了对接哪些客户群体以及满足他们的何种需求**，此时**市场定位则决定了如何与竞争对手形成明显的区别**。如果 STP 策略执行不到位，那么所有的营销活动都是徒劳。

MM 是营销组合（Marketing Mix），也指 4P，即产品（Product）、价格（Price）、渠道（Place）、推广（Promotion）。其中**产品是核心**，因为它体现了 STP 所规定的"为谁提供何种价值"。**客户（细分市场）是多元化的，价值追求也是多种多样的**，企业只有克服这些困难，才能像任天堂的红白机和苹果公司的 iPod 一样在市场中脱颖而出。

推广成功的前提是深刻理解客户的"**购买漏斗和影响漏斗**"，其中当属 **AIDMA 法则**和 **AISAS 模式**最有名。

终极营销战略"PLC 战略"及其后的发展状况

1976 年多勒提出了一个**完美无缺的营销战略——PLC 战略**，展示了 PLC 每个阶段的客户是谁（如创新者），战略目标是什么，以及 MM（4P）的存在方式等，以至于学者们感叹"**营销已死**"。

但营销并没有就此消亡。科特勒指出，不仅仅是 PLC 阶段，**竞争地位**（领导者、跟随者等）也同样重要，摩尔指出了**产品普及过程中的巨大鸿沟（Chasm）**，布兰克指出要跨越这一鸿沟必须"**获得创新者**"。

而 **IDEO** 的"**设计思维**"正是现代最具代表性的营销流程。它强调通过**反复的深入洞察和简约的原型制作与测试验证**，不断迭代产品设计。IDEO 不仅将这种打造创新产品的理念付诸实践，还通过出版物和教育项目（d.school）将其推广至全球范围内的大学和研究生院。

第三章

关键运营

修出更稳固的
生意护城河

28.90% 的
企业活动
属于运营范畴

29. 库存究竟是万恶之源，
还是应当优化
的缓冲器？

30. 能把分散的营销、
销售和服务
整合为一体的唯有
"客户战略"

31. 连极度机密的
研发也开启了
对外开放的时代

32. 在戴明理论引领下，
日本企业实现
质量提升与管理变革

33. 将模仿推向极致，
便能催化变革。
若立志变革，
应向远方学习借鉴

90% 的企业活动属于运营范畴

运营才是价值链的核心

让我们再来看一遍价值链分析模型（见图 3-1）。

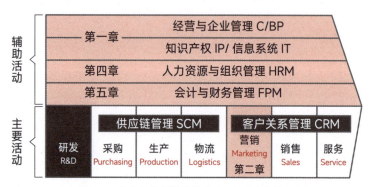

▲ 图 3-1　各章与价值链的关联（黑框内容在第三章）

本书第一章所讲述的经营战略，属于企业的一项辅助活动（经营与企业管理），第二章探讨的营销同样是企业的一项主要活动。接下来，第四章将剖析人力资源与组织管理，第五章将介绍会计与财务管理。除了这些章节，其余内容**主要围绕"运营"展开**，通常超过 90% 的企业员工都会参与运营活动。像本田汽车公司（以下简称本田）、丰田汽车公司（以下简称丰田）及 ZARA 这些企业，往往不是依赖自己不擅长的经营、事业战略和营销战略来取胜的，而是**凭借卓越的制造、销售和服务运营能力，在市场竞争中脱颖而出的**。正是这种基于强大运营实力的经营战略，构成了企业能力战略。

在第三章中，笔者并未局限于从传统的价值链角度（如采购、生产、物流等）单独审视运营活动，而是站在**供应链管理（Supply Chain Management，SCM）和客户关系管理（Customer Relationship Management，CRM）的视角**，分析如何对整个价值创造过程进行**有效连接**并实现提升，以此来揭示运营活动的重要性。随后将概览**"业务流程再造"（BPR）、"标杆管理"（BMK）以及其他业务改善工具**，这些措施普遍适用于提升整体运营的效率。

29

库存究竟是万恶之源，还是应当优化的缓冲器？

丰田生产系统
库存乃万恶之源
SCM
MRP、MRP II、ERP

丰田
本田

连接从采购到客户的 SCM：衔接处存在问题

20 世纪初，法约尔将企业活动划分为 6 种职能活动（参照第 13 页）。麦肯锡 7S 模型（1980 年提出）与波特的价值链分析模型（1985 年提出）均采纳了这一分类方式。波特将企业活动视为价值的连锁关系，把企业活动**命名为"价值链"，但他并未深入探索"链"的内在含义**，所以各职能实际上仍然是孤立的链环。

然而，问题的关键并非在于各职能本身，而**在于它们之间的衔接**。丰田似乎是最先洞察到这一点的企业，它**视库存为"赘瘤"并予以消除**，同时将整个供应链视为一个统一的整体，进而开创了"看板方式"。

1983 年，博思艾伦咨询公司[①] 首次引入**"供应链管理"**（Supply Chain Management，**SCM**，见图 3-2）的概念。该公司指出，采购、生产与物流等环节相互**孤立导致改进受限，问题的根源就在于这些职能间的断层**。因此，该公司倡导**一体化管理**的方法，这一理念赢得了业界的广泛赞誉。

例 1　库存只有零部件的接单生产（Build-To-Order，BTO）
例 2　根据下游工序的要求进行生产的看板方式

▲ 图 3-2　供应链管理（SCM）

[①] Booz Allen Hamilton（BAH）。其日本法人与 GC 日本合并后，变成了 GEMINI Strategy Group。

以人为本且日本独有的丰田生产系统

20世纪80年代，尽管本田在生产规模上无法与通用汽车和福特这样的美国巨头相匹敌，但凭借其显著的生产效率优势，本田成功在美国汽车市场上站稳了脚跟。

同一时期，在日本国内市场上相比本田更占优势的丰田，并未单纯追求规模的扩大，而是专注于生产效率的提升（即"脱离规模的经营"）。核心人物大野耐一在其著作《丰田生产方式：追求脱离规模的经营》（1978）中明确提出，丰田的目标是实现"脱离规模的经营"，这一理念在该书的副书名中得到了体现。

丰田生产系统汇集了诸如"看板方式""JIT""平均化""七大浪费""自动化""改善""防错""可视化"等多个概念，限于篇幅，无法在此逐一详述。其中颠覆传统欧美制造业认知的核心概念是"库存乃万恶之源"和"以人为本的生产与持续改善"。这两点直接挑战并否定了西方传统的运营（生产管理与分工）理念。

库存乃万恶之源，全员一起改善

在此之前，库存被视为"按需储备的物资"，是"确保生产和销售平稳运行的缓冲器和润滑剂"。销售市场每天都有产品出货，而特定产品可能每个月才生产一次。在这种情况下，若未能储备可满足一个月需求的库存，会让人惶恐不安。工厂内部，由于设备的可靠性问题，某道工序可能偶尔会停工一天。为此，需要在工序间预备一天的库存（叫作工序间在制品①库存），以保证后续工序的不间断

---

① 英文表述为"Work In Process"（WIP）。

运行，这是以往的普遍看法。

然而，大野耐一等人对此进行了反思。**他们主张彻底清除库存**（见图 3-3）。这样做虽然短期内可能导致流程中断，出货量下降（这是不争的事实），但清除库存能够揭示长期以来被库存缓冲所遮掩的**各工序中的浪费、过度要求以及生产不均衡等问题**[1]。通过将库存降至最低限度，不仅能够暴露这些问题，还能促使企业采取措施，促使产品质量自然而然地提升！

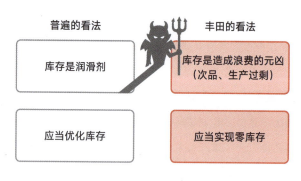

普遍的看法	丰田的看法
库存是润滑剂	库存是造成浪费的元凶（次品、生产过剩）
应当优化库存	应当实现零库存

▲ 图 3-3　丰田生产系统：库存乃万恶之源

库存掩盖了所有的"缺陷"。为此，工序间在制品库存要被压缩至极低的水平，并且要在每道工序间都贴上标识牌。当处于下一道工序的产品被消耗完后，仅将标识牌返回至上一道工序，上一道工序间则依据标识牌的数量启动生产，这就是所谓的**"看板方式"**。可以说，这正是有效地**将各工序无缝衔接的极致 SCM 实践**，同时也推动了对人力效能的最大化挖掘。

---

[1] 因为这是一种旨在消除浪费的生产方式，所以也叫"精益（Lean：肌肉发达，不含脂肪）生产方式"。从经营整体的角度来讲，也叫"精益管理"。

这要求员工不能局限于单一技能，必须成为胜任多种任务的"**多能工**"。如此一来，员工间可以**相互支援**，可以实现工作负载的均衡化，确保生产流程的稳定。

质量控制（QC，参照第 166 页）等"**改善**"活动，鼓励现场作业人员全员参与（见图 3-4）。若用欧美企业常用的表述来描述这一情况，就相当于让工人承担起工程师的部分职责。这在当时被欧美企业视为"侵犯了工程师的专业领地"且"加重了工人劳动强度"，实行起来无异于难如登天。

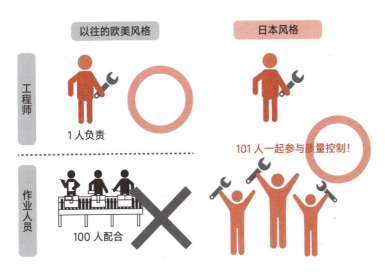

▲ 图 3-4 改善由谁来负责？

但是现在，"改善"活动已然演变成全球生产现场的通用语言——KAIZEN[1]。日本企业的生产体系不仅是戴明理论（统计方法，参照第

---

[1] 持续改善。KAIZEN 方法最初是一个日本管理概念，指逐渐、连续地改善。——编者注

166 页）的应用典范，更是超越了他的预期（创造出以人为本的生产系统）。可以说，这是泰勒的科学管理与梅奥的人际关系学说相融合的产物。

从 MRP 到 MRP II

然而，实施压缩工序间在制品库存的 **JIT 模式须满足一系列条件**：市场需求不应出现剧烈波动，对于季节性或高度时尚化的产品而言，JIT 并不适用；供应商需具备强大的交付能力，而且工人也需掌握多元技能。

20 世纪 70 年代，由于上述条件在美国很难全部达成，于是**物资需求计划**（Material Requirement Planning，**MRP**）应运而生，**这是一套用于管理供应链中所有零部件和成品库存的机制**。借助 MRP，即使各零部件采购站与作业人员的能力存在一定程度的差异，也能实现适度库存与高效生产。

进入 20 世纪 80 年代，MRP 演变成了 MRP II。**MRP II 是制造资源计划**（Manufacturing Resource Planning）。**不同于仅仅关注原材料和零部件的 MRP，MRP II 将设备、人力资源及其需求量、产能、产量纳入规划与管理范畴。**

采用看板方式的丰田生产系统属于拉动（Pull）型生产模式，遵循"按需生产"原则，因而不会产生过剩库存。然而，一旦遭遇重大问题，由于缺乏缓冲，整个生产流程与发货环节将立即停滞，而且影响深远。相比之下，MRP II 属于推动（Push）型生产模式，虽然库存稍显过剩，但由于采用统一系统监控全局，其在应对重大问题时往往表现出更强的韧性和恢复力。

ERP 迫使日本企业实现业务标准化

MRP II的发展最终导向了涵盖企业所有运营活动的**企业资源计划**（Enterprise Resource Planning，**ERP**）。1973 年，德国 SAP 公司的成立标志着 ERP 时代的开端，随后 ERP 在欧美地区迅速风靡。然而，ERP 在日本的落地却晚了 20 年，这是由于日本本土的商业习惯、独特的生产方式以及特有的人事制度和薪酬体系构成了引进 ERP 的障碍。

ERP 不仅仅是一个供应链管理（SCM）系统，更是覆盖企业整个价值链的综合性信息系统。为了便于企业实施，ERP 软件会针对不同行业制定标准形式（模板）。但随着企业对该系统进行更多个性化定制，ERP 的信息处理效率反而会降低。

因此，**引入 ERP 也意味着推动业务标准化（与其他公司相同）这一业务流程重组**（BPR，参照第 171 页）。

正因为复杂到史无前例，困难重重，才保有长期的竞争优势

快捷配送
一站式购物
长尾效应
三大运营创新

亚马逊

凭敏锐洞察力创业，稳步增长的亚马逊

对于众多 IT 初创企业而言，办公室往往是最昂贵的资产，毕竟它是承载人员办公的场所。光是押金就相当于一年的租金，装修费用以及设备和装饰开销也与之不相上下。可是若想吸引顶尖的年轻人才，一个优雅舒适的办公环境却又不可或缺。

而亚马逊不依赖豪华的办公设施，仅凭借其物流中心这一有形的固定资产及其高效的运营模式，就确立了自身的竞争优势。

创始人杰夫·贝索斯[①]以惊人的敏锐洞察力开创了这家互联网企业。1994 年春季，当时担任对冲基金公司高级副总裁的贝索斯敏锐地察觉到，互联网的使用率正以惊人的速度攀升，竟然达到了前一年的 23 倍之多！他随即意识到**"互联网不仅仅是个沟通工具"**，于是，他列出了一份涵盖 20 种线上畅销商品的清单，而**"图书"赫然位列榜首**。鉴于线上销售尚未大规模兴起，且实体书店龙头企业的市场占有率也未达到 20%，贝索斯判定这是一个不可多得的商机。

当年夏天，贝索斯毅然辞职，与妻子一同离开纽约。当搬家公司的卡车载着他们的物品前往西海岸时，夫妻二人早已飞抵得克萨斯州，从贝索斯的继父[②]那里接手了一辆二手雪佛兰汽车。在前往西雅图的路上，他们顺道在旧金山面试并成功招募了一位程序员。抵达西雅图的当天，他们迅速找到住处[③]，购置了 3 张办公桌，并

---

① Jeffrey P. Bezos（1964—）。
② 贝索斯的父母把养老资金（24.5 万美元）也投资给了亚马逊，帮助贝索斯创业，后来他们也成了亿万富翁。
③ 只租带车库的房子是因为惠普和苹果公司的创业者都是从车库开始创业并大获成功的。

在自家的"车库"开始了创业之旅。此时，运送家具的卡车还在路上呢。

正是这种雷厉风行的行事速度，成为贝索斯在竞争中制胜的关键。 在互联网，尤其是电子商务（EC）这个瞬息万变的领域，他比任何人都更早地掌握了核心技术，并能迅速将其付诸实践。而且，1999 年至 2001 年，当全美陷入互联网泡沫①的狂热之时，亚马逊的发展（相较于同行而言）显得相对稳健。

亚马逊投入巨资强化核心竞争力和物流体系

2000 年，亚马逊销售额的增长势头减弱，仅比前一年提升了68%，远低于之前超过 2 倍的增速，最终亏损额超过了 1000 亿日元。这一切都在贝索斯的预料之中。

同年，亚马逊在美国共拥有 8 个物流中心， 其中有 6 个是当年新建的。每个物流中心的建设成本约为 5000 万美元。物流中心总面积从 3 万平方米扩大至 50 万平方米，相应地，员工队伍也随之扩大至近 8000 人。

面对这样的情况，证券分析师频频质疑，他们表示："应停止对物流中心的巨额投资。""**我们投资的是电商，不是物流企业。**""**要实现更显著的增长！**"

2000 年初，互联网泡沫破裂，亚马逊股价持续下滑，至次年 10 月跌至 5 美元（见图 3-5），仅为峰值的 1/22 左右。

---

① 英文为"dot-com bubble"或"internet bubble"。

2001 年 10 月
5 美元

1999 年 12 月
113 美元

14.10

| 1997 年 | 1998 年 | 1999 年 | 2000 年 | 2001 年 |

▲ 图 3-5　亚马逊股价暴跌

　　然而，无论是面对外界的批评还是股价的重挫，贝索斯始终泰然处之。他深知，**唯有卓越的物流能力方能赋予亚马逊无可匹敌的"持续竞争优势"**。在此之前，尚无任何物流公司能在短短两三天内将商品送至全美各地的消费者手中。若这种高效的配送模式对消费者至关重要，那么亚马逊便能稳占先机，无人能敌。

一站式购物备受青睐，长尾效应成盈利源泉

　　亚马逊以远超实体店数倍乃至数十倍的**商品种类**、精准**推荐**与**快捷配送**，成功吸引了全美约 3 亿的消费者。这些**独特的价值优势皆源自其在 IT 和物流领域的巨额投资**。2003 年，亚马逊扭亏为盈，重返增长快车道。

　　克里斯·安德森（参照第 95 页）将亚马逊商品丰富的商业价值称为"**长尾**"（*The Long Tail*）并予以推广。他在 2004 年发表于

《连线》杂志的文章中强调，像亚马逊这样的大型电商平台，相当一部分销售额来源于实体店难以寻觅的小众商品（占比达 93%）。

彼时，亚马逊的图书库存多达 230 万种，销售量呈所谓的"幂律分布"。畅销品固然热销，但绝大多数商品销售量平平。即便如此，销售量排行榜前列的集中度并未过高，**处于靠后位置的商品对总体销售额的贡献颇为显著。**

按销售量高低把每周售出的书籍横着排列，其曲线如同一只昂首挺胸、尾巴（超）长的恐龙（见图 3-6）。**实体店最常见的 16 万种图书**（占总量的 7%）构成了"头部"，而剩余的 214 万种图书（占比 93%）则构成了**"尾部"，它们居然贡献了近六成（57%）的销售额。这便是"长尾"现象的真实写照。**

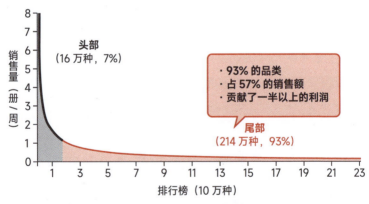

头部
（16 万种，7%）

· **93% 的品类**
· **占 57% 的销售额**
· **贡献了一半以上的利润**

尾部
（214 万种，93%）

销售量（册／周）

排行榜（10 万种）

▲ 图 3-6　亚马逊图书的长尾效应

资料来源：《长尾理论》（*The Long Tail*）。

最初察觉到这一现象并着手研究的，不是经营学领域的学者。1999 年，生于罗马尼亚的物理学家艾伯特 - 拉斯洛 · 巴拉巴西[1]发

------

[1] Albert-László Barabási（1967— ）。

现，互联网等网络看似是随机布局，其实并非无序，而是遵循着特定的结构，即**幂律分布**[1]。他将这种网络命名为**无标度网络**，这一发现对社会科学产生了深远的影响。

麻省理工学院（MIT）的经济学家埃里克·布林约尔松[2]和他的学生胡宇[3]等人，针对亚马逊进行了深入分析，并在 2003 年揭示了**长尾商品的存在及其巨大的影响力**。

长尾效应不仅能够提高销售额，还能带来丰厚的利润。"滞销"的长尾商品，在传统行业中被视为负资产。但在电子商务领域，即便全美范围内这类商品的库存仅寥寥数本（或无库存），**库存成本依然可控**。

此外，这类商品还能以定价销售。不同于日本的固定转售价格制度[4]，在美国，即使是畅销书也可能迅速降价至 5 折出售。**以定价出售的长尾商品，对亚马逊而言，无疑是极具盈利价值的。**

亚马逊的三大运营革新

创业 30 年来，亚马逊成功抵御了实体书店巨头巴诺书店（Barnes & Noble）的挑战，2022 年年度销售额飙升至 5139 亿美元，截至 2023 年 6 月，亚马逊的市值已高达 1.2 万亿美元。

亚马逊一路走来，始终坚持着自我革新，以确保其独一无二的

---

[1] 在论文"Emergence of scaling in random networks"（随机网络中尺度现象的涌现）中，由艾伯特 - 拉斯洛·巴拉巴西和雷卡·阿尔伯特共同提出。

[2] Erik Brynjolfsson（1962—）。

[3] Yu Jeffrey Hu（？—）。

[4] 维持转售价格制度。以图书为例，出版社可以制定并约束书店的图书销售价格，不过其对象仅限于纸质新书，并不包括电子版图书和旧书。

市场地位。贝索斯把亚马逊推上了历史舞台，实现了以下三项重大运营创新。

① **直销电商平台：**构建综合性的直接和间接销售电商平台，囊括了玩具、音乐、视频、家电等多元品类。研发并提供了极为精准的个性化商品推荐服务。

② **物流体系：**构建覆盖全国、高效快速的配送网络，连接物流中心与每一个家庭。

③ **IT 基础设施：**构筑支持本公司运营的强大系统，同时打造出在对外销售中大获成功的**云服务平台**——**AWS**（Amazon Web Services）。

正是这些庞大而复杂的运营体系，构筑了亚马逊难以逾越的竞争壁垒。

或许，真正能对亚马逊构成威胁的因素，就是政府监管的不断加强与亚马逊自身可能出现的傲慢懈怠了。

30

能把分散的

营销、销售和服务

整合为一体的

唯有"客户战略"

CRM	埃森哲
客户战略	Edion（DeoDeo）
SFA/ 管线管理	赛富时
SaaS	

整合客户活动的 CRM：客户战略是关键

在供给侧展现出强大影响力的"连接功能"理念，得以在客户（需求）侧落地生根，促成这一点的是**客户关系管理**（以下简称 **CRM**）。推动普及 CRM 的核心力量来自像**埃森哲**[1]这类综合性咨询公司。

起初，CRM 通过构建客户信息数据库（DB）用于促销活动。1983 年，莱昂纳多·贝里[2]等人提出了"关系营销"（Relationship Marketing）这一理念，倡导以"长期合作"为导向的营销策略。这一策略融合了销售与营销活动，通过维护**现有客户**并**借助其口碑吸引更多新客户**。

自 20 世纪 90 年代末，埃森哲进一步拓展业务领域，倡导"**基于客户战略，整合以往分散的营销、销售（经营业务、产品贩售）、服务等功能，实施综合管理并加以强化**"。在经营战略、人力资源、IT 咨询等多个领域，埃森哲**构建了一个展示综合实力的平台**。

CRM 绝非仅着眼于信息系统层面的企业改革（如数据库营销）。它始于**对目标客户和价值的重新定义**，旨在从那些能明确提升利润的机会出发，推动全公司范围内的变革。否则，营销、销售、服务等企业核心能力的综合运用及根本性变革将难以实现。

- **目标**：把握目标群体的**客户终身价值**[3]（**LTV**），并量化。
- **价值**：从**客户代理**[4]视角审视，为选定的目标群体提供价值

---

[1] 世界最大的管理咨询公司之一，拥有咨询、IT 战略、外包等业务功能，员工人数达 72 万人，其中日本员工约有 2 万人。

[2] Leonard Berry（1942— ）。

[3] Life Time Value。指某个客户从交易开始到结束的期间内，为本公司带来的销售额或利润。

[4] 把每一个客户都当作个人客户，作为其购买代理人（代理商）进行活动。

（如适时服务、精准匹配、一站式解决方案、核心产品、个性
化定制、关系维系等）。

- **企业能力**：构建相应的**企业能力**（**涵盖运营和人力资源与组织
  管理**），以实现前述目标。
- **盈利模式**：结合客户流失率、投资与运营成本，评估 LTV。

**整合以上要素，构成 CRM 框架下的客户战略；每日对客户数据
进行深度分析与提炼，就形成了客户洞察**（见图 3-7）。只有将客户
战略与客户洞察跨部门融合，CRM 体系才能有效运作。

▲ 图 3-7　CRM

通过服务创新实现飞跃性增长的 Edion（DeoDeo）

家电零售巨头 **Edion**，是由位于广岛总部的 DeoDeo（原第一电
器）领军，与 Edion、上新电机、MIDORI 电化、100 满伏 ① 及石丸
电气等合并而成的。DeoDeo 以广岛为据点，在西日本市场占据着主
导地位。其成功之道在于：① Z 服务；② 直邮（DM）营销。

自 20 世纪 60 年代起，DeoDeo 便以迅捷的上门维修服务而闻名，
甚至在广岛市还部署了日本首辆配备无线通信设备的维修车，建立
了详尽的客户档案，有 **"比警车还快"** 的美誉。

---

① 日文名为 "100 满ボルト"。——译者注

管理层秉承以下理念："我们售卖的不仅是家电这种实体。""（我们更多地）为客户提供的是效用（如烹饪能力）。""产品一旦出现故障，效用即刻归零，故应尽快修复。"

基于此，他们创立了极致服务——乙服务。客户只需通过电话报上姓名和电话号码，DeoDeo 即可调阅统一的客户资料库（即综合数据库）。接下来客户只要告知何处出现何种故障，DeoDeo 即可迅速了解故障详情与购买记录，预判故障原因，随即派遣备有所需零部件的服务车。由于服务高效，DeoDeo 在广岛地区的家电市场份额超过了六成。

服务团队的工作不局限于维修。在上门服务的过程中，他们收集宝贵信息，不仅能够掌握竞争对手产品的型号和客户购买时间，甚至还能了解到客户家庭成员的组成情况及居住格局等信息。

这些客户信息会汇入综合数据库，与购买记录结合，由此构建了庞大的客户信息资产。

自 20 世纪 80 年代起，DeoDeo 凭借所掌握的客户信息，巧妙运用起高效的数据库营销手段，而其中首要的举措便是直邮（以下简称 DM）营销。由于能掌握每户家庭的消费总额，DeoDeo 会向优质客户寄送专享促销邀请。每当新品发布前夕，DeoDeo 提前发放 DM 广告；上市当日，营销主管会彻夜分析哪些客户已购，进而迅速调整目标群体，洞察他们的价值所在，次日清晨随即发出新一轮 DM 广告。借由日复一日的假设验证与试错迭代，DeoDeo 实现了高度精准且反馈率（购买率）极佳的 DM 营销。

DeoDeo 倾力为占销售总额约 80% 的前 20% 忠诚客户服务。依据家电更新周期与家庭结构变动适时推送 DM 广告，1991 年 DM 广告反馈率不足 4%，1995 年飙升至 14%~17%，单封邮件所带来的销售业绩也翻了一番。

早在 **20 世纪 80 年代**，DeoDeo 即构建了集销售（门店销售）、服务（上门维修服务）、营销（直邮营销）、**客户洞察（依托综合数据库与分析专员）为一体的 CRM 企业能力体系**（见图 3-8），并维持卓越水准。这一体系不仅确保了高水平的客户满意度，而且即便在合并多家同行、更名为 Edion 后，依旧延续至今。

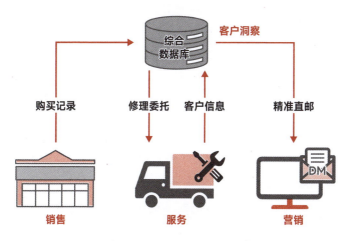

▲ 图 3-8 DeoDeo 的 CRM 体系

提升销售效率的 SFA

尽管人力**销售活动**在营销中常被视为是"多余"的，但在诸多 B2B 业务中它仍然是不可或缺的环节。然而，人力销售这一领域存在着效率低下且难以管控的问题，而**销售自动化**[①]（**SFA**）系统的引入，正是为了**提升销售活动的透明度与整体效率**。

SFA 的核心价值在于"**销售流程管线管理**"（见图 3-9）方面，从接触潜在客户开始，追踪"接触→预估→预约→商谈→提案→成交"各阶段进展。统计**各阶段有多少潜在客户，以及潜在客户进入下一阶段的概率**（转化率：CVR），有助于精准预测**销售前景**。

更为关键的是，SFA 支持**销售活动的资源调配与优化指导**。若不加以管理，销售人员（及其上级）易沉溺于即将成交的客户，忽略长远布局，SFA 则能有效规避这一风险。同时，通过对比各阶段的转化率，能够触及个人和团队层面的核心问题。

西贝尔系统[①]（Siebel Systems）公司曾是早期 SFA 的领头羊，但在 2000 年赛富时（参照第 60 页）推出 SFA 后，其产品销量火爆，迅速超越了西贝尔系统公司。

赛富时明智地选用了"按云端使用人数收取固定费用"的 SaaS[②]（软件即服务）模式，精准定位到了那些厌恶高额启动成本的本地部署型[③]中小型企业。更重要的是，它一直持续探索提升销售团队效能、驱动业绩增长的机制，因而深得用户青睐，也切实有效地降低了客户流失率。

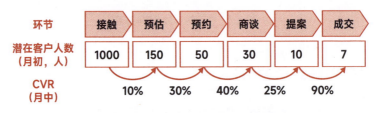

▲ 图 3-9　SFA 的销售流程管线管理

[①] 由汤姆·西贝尔（Tom Siebel）在 1993 年创立的一家美国软件公司，他本人是甲骨文公司（Oracle）的前高管，在离开甲骨文公司后创办了该公司，专注于 CRM 软件的开发。——译者注

[②] Software as a Service。

[③] 也称本地版（On-Premise）。Premise 本义是"假设""前提"，也有"经营场所""办公场所"的意思。

在这个行业里，
速度就是一切

BTO	
直销生产系统	
（直销生产模式）	戴尔公司
时效性竞争	

迈克尔·戴尔从大学退学投身创业

20 世纪 90 年代，在 IBM 引领的无边界水平分工趋势下，个人计算机制造商的角色（与所能获取的利润）日渐微薄，**戴尔公司**（时称戴尔计算机公司）却迎来转机。自其创业 4 年后的 1988 年，戴尔公司登陆纳斯达克，至互联网泡沫破灭前夕的 2000 年，戴尔公司已占据美国个人计算机市场 15% 的份额，发展成为一家年销售额高达 320 亿美元、净利润达 23 亿美元的巨擘。

戴尔公司的创始人**迈克尔·戴尔**，与比尔·盖茨①、史蒂夫·乔布斯齐名，同样是大学退学的创业者。但时机稍显遗憾，正如他所述："想要撼动技术标准为时已晚，销售网络已然成型，对手（康柏）实力强劲。"

然而，"新营销与流通策略尚存机遇"。即 **"接单生产（Build-To-Order，以下简称 BTO）的直销生产模式（Direct Model）"**。

这个看似简单的商业模式（俗称"戴尔模式"），究竟蕴藏着怎样的秘密，居然能在近 20 年间，尤其是在个人计算机市场日益成熟的背景下，持续保有竞争优势呢？

"在这个行业里，速度就是一切"

戴尔公司的座右铭是 **"在这个行业里，速度就是一切"**（Speed is everything in this business）。戴尔公司的产品并没有太过独特之处，但组织运转之速却堪称顶尖（见图 3-10），这正是戴尔公司"独特力量"的源泉。

---

① Bill Gates（1955—），全名是 William Henry Gates Ⅲ。他在哈佛大学四年级时中途退学创办了微软。

	竞争对手	戴尔公司
生产和发货	自家公司的库存天数是30天，经销商处是35天，共计65天	接收订单后 36 小时内发货，库存只保留 7 天成品
收款	销售后过 16 天才到账	信用卡支付，24 小时即可兑现

▲ 图 3-10　戴尔公司凭借直销生产模式实现了高效运营

- **生产、发货速度：** 仅保留 7 天成品库存，在接到订单后 36 小时内即可生产并发货。相比之下，康柏持有 30 天库存，再加上经销商处的 35 天，总计 65 天。

- **收款速度：** 信用卡预付款项，**24 小时内即可结算**；康柏在收货后兑现需要 16 天。

在个人计算机行业，成品库存过剩乃一大顽疾。随着性能与功能日新月异，每年均有三四款新品面世，单品生命周期仅三四个月。然而，康柏及 IBM 等传统制造商，却手持两个月的库存进行经营，面临**"库存老化风险"**。在薄利多销的背景下，若最终剩余一周库存，累积利润将荡然无存。

成品库存天数直接影响**"零部件采购成本"**。假设用户同期在戴尔公司与康柏购买同款计算机，那么二者的生产时间相隔近两个月。计算机部件多为**外购半导体，每周会降价 1%**，如果延后两个**月采购，成本降幅可达 10%**。由此，戴尔公司可比竞争对手节省一成的采购费。鉴于零部件占个人计算机成本的七成，仅此一项，就能削减 7% 的成本。

戴尔公司的直销生产模式融合了 *CRM* 与 *SCM*，不过这仅仅揭示了库存天数减少的一半奥秘，而另一半则要归功于 *BTO* 模式。戴尔公司**不靠预测生产，而是确认销售后才生产，因而能大幅缩减库存**。速度（及其背后所体现出的运营效率）超越了规模效应，铸就了戴尔公司"恒久低于对手成本"的竞争优势。

戴尔公司堪称是波士顿咨询公司的资深顾问乔治·斯托克[①] 在 1998 年所倡导的**"时效性竞争"**（Time-based Competition）理念的成功典范。

一切皆因戴尔公司的商业模式难以被复制

为何其他公司没有追随戴尔公司的脚步？

戴尔公司创立之初，便将目光聚焦于**大型企业和政府机构**。因此，它无须开展烦琐的服务与大规模的品牌推广（即广告宣传），仅凭快速供货、个性化定制与低廉价格便可迅速占领市场。**全国性的维护服务不可或缺，但戴尔公司却选择把这些交给施乐及速运巨头 UPS 来完成**。其策略重点不在于"现场维修"，而在于"残次品换新品"。**戴尔公司也无须承担昂贵的经销商网络成本**。

反观竞争对手的情况，则截然不同。**IBM** 主营大型计算机，**销售员的社交技巧与企划能力至关重要**。康柏针对中小企业，为实现广泛覆盖与客户支持，**稳固的经销商网络不可或缺**。

戴尔公司设定了明确的目标客户群体与价值主张，把功能精简至必需水平，这种模式难以被轻易地复制（参照第 29 页）。

---

① George Stalk Jr.（1951— ）。

31

连极度机密的

研发 也开启了

对外开放的时代

基础、应用、开发研究
开放式创新
A&D
连接与开发

思科系统
宝洁公司
味之素

研发可划分为 3 大领域

企业若想以创新科技领先对手，必须自主探索、钻研并实现技术的商用化。这正是研发（Research and Development，简称 R&D）的核心功能所在。

通常，研发涵盖以下 3 类，功能各异。

- **基础研究**：旨在揭示新科学原理，获取前沿知识。成果可转化为企业知识产权，但单一基础研究项目的成功率仅百分之几。
- **应用研究**：聚焦上述新技术的实用化探索与现有技术的拓展，成功率约百分之几十。
- **开发研究**：旨在新品研发、产品改良及流程优化，成功率可达 80% 左右。

各领域成功率因行业与企业而异，尤其以**基础研究最为特殊**。鉴于基础研究的未知性与高风险，加之这些特点难以为既有业务体系所承受，所以该项工作经常是由高校及公共研究机构来承担的。

对外开放，以普及能力与"收购开发"模式生存的思科系统

推广**开放式创新**这一概念的是加州大学伯克利分校的亨利·切萨布鲁夫[1]。他在自己的著作《开放式创新》（*Open Innovation*，2003）中揭示，仅依赖自家技术和能力的创新会受到诸多限制（在

---

[1] Henry Chesbrough（1956— ）。

成本、风险、时间方面），借助外界力量才能激发出巨大的潜能。

网络设备巨头思科系统（1984 年创立，以下简称"思科"）在瞬息万变的行业中持续领跑了 30 余年。身为 IT 厂商，思科不局限于固守自家技术，对外部可获技术均予吸纳，对优秀企业则通过合作或收购收入麾下。同时，思科积极地对外授予专利使用权，开放关键技术，使这些技术成为全球通行的标准，助力产品全球通行。

- **普及**：公开或低价授权核心科技，推动这些技术成为行业标准。
- **销售**：制造符合标准的网络设备，作为行业领袖，迅速全球铺货。
- **开发**：技术来源不限于内部，也从众多初创企业那里收购，不设中央研究院；这种策略不叫研发（R&D），而被称为"收购与开发"（A&D[①]）。

从 1993 年至 2009 年，思科历时 17 年收购了 139 家企业（见图 3-11），兼备技术广度与开发速度，持续抵御了企业老化。

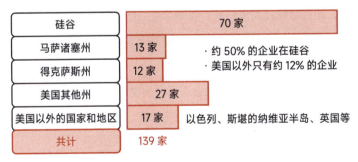

▲ 图 3-11 思科的 A&D（1993—2009 年）

资料来源："Start-Up Book"网站，由笔者整理制作。

---

① Acquisition & Development。

宝洁公司对研发公开化发起的挑战

自 2000 年起，宝洁公司启动了"**连接与开发**"[①] 计划（见图 3-12），公开其研发课题，广邀外界贡献技术和创意。宝洁公司认为，相较于保密可能招致的劣势，**集思广益以加速产品创新显然更具吸引力**。

▲ 图 3-12　宝洁公司的连接与开发

资料来源：《每年增长 5%，宝洁公司不断推出"全球畅销产品"的秘诀》，PRESIDENT Online 制作。

如今，宝洁公司**半数的新品及服务都源于这项举措**。

日本企业也见贤思齐。2012 年以来，**味之素**相继与**东丽、普利司通、花王联手**，共同研究植物基尼龙、植物合成橡胶，以及基于健康诊断的生活习惯病预防方案。这些合作项目都围绕着味之素的氨基酸核心技术展开。

近年来，味之素更是**主动公开以氨基酸为核心的专业技术特长**，借助合作与联合研发等方式，致力于开拓创造新价值。同时，味之素为推动现有技术市场化，引领了开放式创新的风潮。

---

① Connect + Develop（简称 C+D）。

32

在戴明理论
引领下，日本企业
实现质量提升
与管理变革

统计质量管理方法
QC 活动的 7 大工具、品管圈 ｜ 本田
TQC
5S

学习戴明统计质量管理方法的日本企业

日本是个资源匮乏的远东岛国，但日本企业却在 20 世纪 70 年代以后遍布全球。**若论对日本企业崛起贡献最大的外籍人士，非威廉·爱德华兹·戴明**[1]**莫属。**

二战后的 1947 年，为协助日本政府的人口普查，戴明来到了日本。身为数学与物理双料博士及统计学权威，戴明洞察到**质量管理不仅限于生产线，更贯穿整个企业运营**。这一理念深深吸引了日本科学技术联盟（JUSE）。

随后，戴明频繁受邀至 JUSE，向众多企业家、工程师与学者传播其思想精髓，其中包括"提升质量无须依赖规模，**质量提高自然成本降低，赢得客户满意**"以及"为此，要应用统计方法，优化产品，精进流程"等理念。

日本企业深刻领悟并实践了戴明的统计过程控制与质量管理理论，将其融入制造现场的**质量控制**（Quality Control，QC）**活动**，以及贯穿全公司的**全面质量控制**（Total Quality Control，以下简称 TOC）**机制。**

支撑 QC 活动的 7 大工具与品管圈

支撑 QC 活动的核心是"**7 大工具**[2]"与"**品管圈**"（QC Circle）。

在这 7 大工具中，目标清晰、应用精准的有以下 3 项：

---

[1] William Edwards Deming（1900—1993）。著有《面向经营者的质量管理》（1950）等。
[2] 分别为帕累托图、因果分析图、检查表、直方图、散布图、控制图、分层法这 7 种。

- **帕累托图**：将各类现象与原因所导致的不良品频数按照从多到少的顺序依次排列，依据频数高低确定问题处理的优先级（见图 3-13）；

- **因果分析图**：采用鱼骨图分析，系统拆解上述相关因素，避免遗漏关键点；

- **控制图**：以时间为横轴，批号与测量值（如液量）为纵轴，标示管理界限（也就是允许存在偏差的上下限的界线），预警并预防不良品产生。

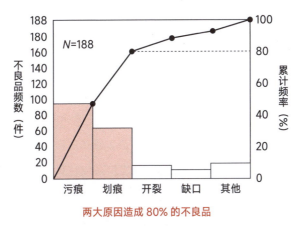

两大原因造成 80% 的不良品

▲ **图 3-13　用帕累托图来展示改善效果**

这些原理与技巧自问世以来历经 70 年，至今仍具实效。

品管圈于 1962 年诞生，初衷是帮助企业员工学习 QC 技法，其后成为企业制造环节质量改进的"引擎"，如今演变为**自下而上、自主提升效率的小团队作业**。

日本引入 QC 时，通用电气的质量管理负责人倡导 TQC 这一理念，他强调**质量提升不应局限于生产阶段**，还需涵盖供应链管理（SCM）与客户关系管理（CRM）。唯有高层直接介入，跨部门协同改进，方能全面满足客户需求。这种**自上而下的推行模式备受推崇**。

20 世纪 60 年代起，TQC 也在日本普及，关注点不仅限于质量，更拓展到了成本控制与交付周期等方面。

5S 始于整理与整顿

诞生于日本的现场优化活动——**5S**，是由"**整理（S**eiri）""**整顿**（**S**eiton）""**清扫**（**S**eisou）""**清洁**（**S**eiketsu）"与"**素养**（**S**hitsuke）"这几个日语词罗马字的首字母组成的。

关于 5S 的起源众说纷纭，据说**本田宗一郎**[1] 在访问海外工厂时，对那里的整洁环境深感震撼，回国后便向员工阐述了清扫的重要性。1953 年，他在《本田社报》上写道："我要求员工们'清扫工厂'，这并非只求表面光鲜。因为，**任何放任工厂环境脏乱、秩序混乱的行为，都会导致绝不可能生产出优质的产品**。"他为确保员工安全及产品质量，**彻底实行"清扫、整理、整顿"的"3S"**。随后，丰田在此基础上加入了"清洁"，形成了"4S"……

经营顾问锻治田良指出，若要使 5S 活动成效显著，那么"**首要步骤是整理与整顿**"。

他同时强调"**整理意味着剔除无用之物**""**整顿则是确保所需物品随手可得**"[2]。总之，简单排列并不等同于有效的整理与整顿。

---

[1] 本田技研工业株式会社（本田）的创始人（1906—1991）。
[2]《5S 活动基础讲座》（2023），锻治田良。

在小说**《成功这件小事》**（2007）中，主角象头神列出了 29 项成功要素，其中的第 6 项"打扫厕所"，呼应了本田宗一郎的话。对此感兴趣的读者不妨一阅。

二战后，日本企业依靠**数据驱动的全员参与式 QC、TQC 以及 5S 活动**迅速崛起。然而，在当代，**仅凭这些还不足以抗衡海外的独角兽企业**，日本企业需要寻求新的竞争优势。

33

将模仿推向极致，
便能催化变革。
若立志变革，应
向远方学习借鉴

再造、BPR	施乐
标杆管理	福特
最佳实践	美国西南航空公司

哈默与钱皮的《企业再造》

毕业于麻省理工学院的优秀工程师迈克尔·哈默[1]于 1990 年在《哈佛商业评论》上发表了**《再造：不是自动化，而是重新开始》**。1993 年，他与管理顾问詹姆斯·钱皮[2]合作，共同出版了一本轰动全球的畅销书**《企业再造》**，大力推广了**业务流程再造（BPR[3]）**的理念（BPR 的目的和方法如图 3-14 所示）。

	业务流程再造（BPR）	业务改善
目的	企业目标的达成	提高业务效率、提高生产效率
对象范围	全部企业活动	部门单位
推进方法	自上而下	自下而上
技巧	业务流程外包（BPO）、ERP、共享服务、六西格玛等	品管圈、5S、常规化、流程评估等

▲ 图 3-14 BPR 的目的和方法

在 20 世纪 90 年代中期，BPR 这一理念曾风靡一时，在当时的《财富》500 强企业中，竟有高达 60% 的企业表示正在进行（或计划实施）再造活动。

在《企业再造》一书中，哈默等人提出了如下观点：

- 目标是**根本变革**，而非 QC 式的渐进改进；
- 不应以公司内部为导向，而是彻底**以客户为导向**；
- 不应采用中央集权管理，而是要**赋予一线人员决策权**（授权）；
- 要善于利用**信息系统**，实现**组织一体化**。

---

[1] Michael Hammer（1948—2008）。
[2] James Champy（1942—）。
[3] Business Process Reengineering。

然而，若想真正达成上述目标，就需要对战略、组织架构、流程乃至 IT 基础设施等各个方面都进行彻底革新。

在实践中，企业多采取将呼叫中心等非核心职能外化（外包）的**业务流程外包**（**BPO**[①]）模式，或是部署能够集成全公司业务的 IT 平台如 ERP（参照第 143 页）。然而，由于**实施难度太大或应用不当，企业对"再造"的狂热迅速消退**。BPR 的倡导者之一，托马斯·达文波特[②]于 1995 年在其论文中进行了理性反思，认为：

- BPR 实质上并非根本性变革，而更多被用于业务精简、缩小（裁员）。

- 在已完成的 BPR 项目中，**67% 的项目收效甚微，或仅达到最低预期的效果，故被视为失败**[③]。

托马斯·达文波特还审视了《企业再造》一书中被标榜为成功典范的 3 家企业[④]案例，揭露了它们后续的衰落。

施乐的反攻，向竞争对手学习

20 世纪 70 年代对于施乐而言是一段艰难的时期。1970 年，佳能进军普通复印机市场，随后理光和美能达也纷纷跟进。至 1975 年，面对美国同行的诉讼挑战，施乐苦心经营的专利优势早已不再。由此，

---

① Business Process Outsourcing。
② Thomas Davenport（1954—）。
③ 这一结论源于 CSC Index 国际管理咨询公司（詹姆斯·钱皮为创始人之一）自身的调查结果。
④ 书中提到 IBM 的贷款审查时间缩短，福特的支付业务效率提高，柯达的商品开发时间减半。至于在 2010 年的三菱 UFJ 调查与咨询公司在"BPR 调查研究"中把这 3 家公司列为成功案例的原因，着实耐人寻味。

施乐市场份额急剧萎缩，至 1982 年跌至 13%，10 年间，其主导地位迅速瓦解。

但施乐并非一家轻易言败的企业。管理层坦诚地承认，在"质量、时间、成本"等维度均落后于日本的竞争对手，并决意革新。他们的策略是融合 TQC（参照第 166 页）与企业战略，推行"全面质量管理"（Total Quality Management，TQM），并借鉴"标杆管理"（Benchmarking，BMK）实现系统性业务升级。所谓"标杆管理"，涉及向其他优秀部门或行业佼佼者学习其案例（也就是最佳实践）。

1979 年，施乐着手拆解分析"物美价廉"的竞品，施乐的管理层对对手的品质与成本优势深感震惊。带着诸多疑惑，管理层派出考察团赴日，深入施乐的日本合资公司——富士施乐，探究其成功的奥秘。

在富士施乐的协助下，施乐细致地研究了对手的研发、生产及营销流程。由此，施乐痛定思痛，意识到自身"问题不在于市场，而在于生产现场已然处于落败的境地"。

这次学习迅速转化为生产与物流实践，并最终融入全公司活动的标准操作流程，将"标杆管理"常态化。

向其他行业的最佳实践 L.L.Bean 学习

从拆解竞品以洞察其奥秘的"逆向工程"①（Reverse Engineering）开始，施乐进一步深化"标杆管理"，从**内部标杆管理（公司内对比）、竞争标杆管理（行业内对比）、功能标杆管理（跨行业对比）**这三个层面广泛实施（见图 3-15）。

---

① 通过分解产品来分析其组成部件、生产工艺以及估计生产成本等。

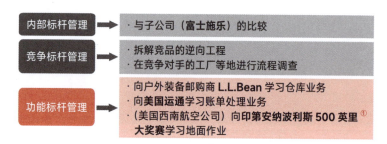

▲ 图 3-15　施乐等企业的标杆管理（BMK）

施乐向户外装备邮购商 L.L.Bean（里昂比恩）取经，学习其仓库作业方面的经验。 在产品多样化的服装仓储中，L.L.Bean 能够通过系统自动生成装箱清单，精准指示手推车位置及打包顺序和箱体尺寸。施乐据此优化自己的仓库作业，节省了 200 万美元的库存成本。

施乐借鉴了美国运通的账单处理经验， 通过此举，不仅提升了 38% 的客户满意度，还有效削减了 50% 的间接办公支出与 40% 的物料采购费用。

上述这两个案例，正是施乐跨行业汲取最佳实践经验、运用功能标杆策略的成功典范。**施乐在日本企业习以为常的持续改善理念的基础上，借助"标杆管理"形式进行了系统化整合，从而对日本企业发起反击。至 1989 年，施乐的市场占有率达到了 46%。**

拯救福特的标杆管理

"通过对比确立目标"与"借鉴他人学习方法"这样的策略，在过往的 QC 和 TQC 改善活动中，是未曾有的新思路。而如今，作为激发企业实现跃升的强效手段广为采用。

1980 年，亏损 15 亿美元的福特， 面向全球汽车制造商，尤其是

---

① 1 英里约等于 1.61 千米。——编者注

日本车企，开展标杆管理学习。福特派遣团队进行深入研究，其管理层悉心分析了覆盖超 400 个项目的调研资料，相继进行了**"大幅精简零件种类""组建车型专属开发团队"**（如 *Taurus* 团队）等举措。

福特赌上公司前途背水一战，斥资 30 亿美元研发的 Taurus 车型于 1985 年上市，迅速呈现出热销的态势。

第一代 Taurus 巅峰时期年产量破百万台，5 年累计销量达破纪录的 200 万台，成功改写了福特的命运。

曾任施乐标杆管理活动领军人物的罗伯特·坎普[1]，在 1989 年所著的**《水平比较法：追求企业卓越绩效的最佳实践》**中阐述：

"在施乐实施标杆管理学习极其简单，其精髓在于识别最佳实践案例，而后将这些案例中的经验内化、运用于企业自身。"

这正是他 1995 年出版的《商业流程标杆：寻找和实施最佳实践》副书名的原意。

接下来，企业应积极去探寻最佳实践案例。它们或许潜藏于公司内部，也可能远在异国他乡，横跨不同行业。**若企业以飞跃式成长为目标，则应向更远处汲取灵感。美国西南航空公司**（以下简称西南航空）（参照第 197 页）**正借鉴 "印第安纳波利斯 500 英里大奖赛"**（*Indianapolis 500-Mile Race*）赛车的维修站作业方式（见图 3-15），力求压缩地面服务时间。因为在那样的环境下，哪怕 0.1 秒的延迟也可能导致失败[2]。所以探索最为创新且行之有效的提速方案势在必行。

20 世纪 40 年代至 90 年代，是**日本企业**通过**自下而上**的 QC 活动，在质量管理与**成本控制**上取得辉煌成就的时代，与此同时，**欧美企业**则**通过自上而下**的全面管理（TQC、TQM、BPR）及**跨行业学习**（标杆管理）与其展开激烈角逐。

---

[1] Robert C. Camp（1935—）。
[2] 通常进站 6 次以上，所以 0.1 秒的延迟可以抵消 60 米的领先距离。

第三章 小结

什么是运营？

经营战略和营销固然很重要，但 **90% 的企业活动都是日常运营**。人力、物力、财力都大量投入到以**供应链管理（SCM）**和**客户关系管理（CRM）**为代表的日常运营活动中。一旦运营架构搭建和执行出现问题，所有的努力都将失去意义。1993 年，临危受命的路易斯·郭士纳（参照第 186 页）接管了濒临破产的 IBM，他对管理层直言："不需要追求宏大的愿景和战略。""应当倾听客户的真实需求。""深入一线，找出问题的症结所在。"郭士纳的这一策略，强调了**先做好基础运营、再谈战略规划的重整思路，**成功带领 IBM 重回正轨。

完善 SCM 取得成功的丰田和亚马逊

1983 年，博思艾伦咨询公司首次提出了**供应链管理（SCM）**的概念，**将涉及产品从采购商流向客户的所有功能活动进行了系统整合**。该公司指出，**生产、采购和物流**等环节不应该孤立运作，因为它们之间的断裂正是导致效率低下的根源。因此，应当对这些环节实施**统一管理**。这种问题意识的萌生，源于**20 世纪七八十年代，日本企业本田和丰田进军欧美市场时所取得的巨大成功**。其中，丰田的生产方式尤为独特，其核心理念是**"库存乃万恶之源"**。在传统观念里，库存被视为提高各工序生产效率的缓冲手段，但丰田将其定位为**"掩盖问题的蔽障"和"浪费的元凶"**。通过彻底消除不必要的库存，丰田成功地提升了生产效率和改善了成本控制。

最初以网络书店的身份起步的亚马逊，并没有对网络本身进行大规模投资，反而对物流中心进行了巨额投资。即便在互联网泡沫破裂、自身股价暴跌至峰值的 1/22 左右时，亚马逊依然坚持在全美范围内建设大型、高效的独立物流中心。这是因为亚马逊深知，强大的物流网络才是与其他电商公司拉开距离的关键。

然而，如今日本企业为了追求独特性，在运营层面上却逐渐向 **ERP 系统（如 SAP）等标准化方案靠拢**。面对这一趋势，企业必须做出抉择：**要么达到亚马逊的物流管理水平（成为业界标杆）**，要么被迫接受被市场边缘化的命运。

在未知领域凭借 CRM 遥遥领先的 Edion

客户关系管理（CRM）是将市场、销售、服务等面向客户的活动进行整合的概念。 这一领域涉及大量的人力资源管理，因而变革难度较大，自 20 世纪 90 年代末以来，埃森哲等专业咨询公司开始推广其变革方法，并将其命名为 CRM。

在日本家电零售业，*Edion（原名 DeoDeo）* 成为运用 CRM 与竞争对手拉开差距的先驱。作为一家家电量贩店，DeoDeo 以"比警车还快"的口号，迅速建立起**自己的维修服务体系**（包括故障修理等），并将通过这些服务所收集的客户信息有效运用于直邮营销和客户服务热线，从而构建起显著的竞争优势。

然而，在推广**运营领域的标准体系（SFA）**方面，欧美企业如**赛富时**等则领先一步。

研发与业务改革、改善方法等

本章还探讨了在企业主要活动中排在第一位的**研发**工作，如思科和宝洁公司等公司采取的**开放创新策略**（收购与开发，即 A&D；连接与开发，即 C+D），以及针对企业运营全过程的**业务改革与改善方法**。这些方法包括**业务流程再造（BPR）、标杆管理**以及**质量控制（QC）、全面质量控制（TQC）、5S** 等一系列术语，如果你一时半会儿想不起这些概念，不妨翻回前面回顾一下。

第四章

关键队伍

最强的人力资源与组织

34. 工作热情

至关重要

35. 换个领导，

苹果公司也能疯狂发展，
大象也能跳舞

36. 领导要忍受

开放式创新
带来的痛苦

37. 唯独管理者
不能把失败归咎于
"企业文化"

38. 高质量的培训

能赋予新人通用的
语言和技能，
具备改变组织的强大力量

39. 组织是

实现战略目标、
提高人力资源效率的架构

40. 组织的规模

一旦变大，行动就会变缓；
要打破这一僵局，
唯有实行分权化管理

41. 平衡计分卡

用于纠正过度侧重
股东价值的倾向

34

工作热情
至关重要

激励研究
非正式组织　　霍桑工厂
人际关系学说
HRM

泰勒和梅奥的激励研究

企业能力的核心当然是人。无论运营机制多么优秀，无论生产、销售流程多么自动化，如果负责改进（改革）的人能力不足，企业很快就会因僵化而落后于竞争对手。这是因为**只有人才能做出决策，并灵活地进行试错。**

弗雷德里克·泰勒认为，**提高劳动生产率的关键在于提高工作效率**。他同时**重视薪酬激励，为此采用了阶梯式薪酬制度**：当员工的工作量超过一定标准时，工资就会相应上升。如果以工作量 100 为基准，对应的工资率设定为 1 倍，当工作量达到 200 时，工资率为 1.5 倍，那么有余力的人可能会以 200 为目标，因为工资将会是原来的 3 倍。而没有余力的人也可能努力达到 120，使得工资增加三成（参照第 11 页）。

此外，**埃尔顿·梅奥的研究揭示了工资之外的因素与劳动生产率之间存在显著关联**。在制造电话交换机的霍桑工厂进行的继电器组装实验（1927—1932，见图 4-1）中，即便对工作条件做出多种调

继电器组装实验室的正面视图，大约拍摄于 1930 年
（西方电气公司霍桑研究资料集）

▲ 图 4-1
霍桑工厂的继电器组装实验

整，如调整照明亮度和休息时间，参与实验的 6 名员工的工作效率也能持续提高。最初实验者挑选了 2 名熟练工，随后这 2 人选出了其余 4 人。这 6 名参与者因"从 100 名员工中被选中"而感到自豪，并且产生了强烈的团队归属感，这让她们克服了所有不利条件。

之后，梅奥又对 2 万名员工进行了**访谈调查**，结果发现"**在上司与下属进行面谈后，该部门的业绩会提升**"。无论谈话的具体内容为何，员工之间的相互理解和亲近感都提高了劳动生产率。

劳动热情取决于人际关系

相比严格执行公司制度和规则的上司，能够倾听团队和个人情况并给予员工自主权的上司，其手下员工绩效更佳，士气更高，劳动生产率也会提升。

同事间关系良好、正式组织与非正式组织（职场内的派系和小团体）的目标或行为模式一致的职场，劳动生产率更高。

梅奥结合其他实验结果得出结论：人并非只为面包而活。

- 人们更重视**社会需求的满足**，而非仅仅聚焦于经济回报。
- 人的行为容易**被不合理的感情所左右**。
- 相比正式组织，人们更容易**受到非正式组织的影响**。
- 因此，人们的劳动热情更容易**受到职场人际关系的影响**，而不是单纯的工作环境好坏。

以梅奥为开创者的"**人际关系学说**"发展成了需求理论（需求层次理论，参照第 85 页）、探讨领导者状态的领导力理论（参照第

185 页）、辅导理论，以及影响整个组织的企业文化理论（参照第193 页）等。

调度、培养、管理人力资源的是 HRM

管理这些人力资源的人力资源管理（Human Resource Management，以下简称 **HRM**）是为了确保**人力资源的质量（技能和动机）和数量（人数）**而开展的活动，主要包括招聘与离职管理、绩效薪酬与人事体系管理、岗位调配、培训及人才培养等方面。

这些活动通常由业务部门和人力资源部门分工合作进行，而**提升日本人工作动机的一个关键因素——职场人际关系**，却是一个**终极难题**。

为解决这一问题，"一对一会议"[①]"导师制度"[②]"360 度反馈"[③] 等方法不断被引入，这似乎是一个永恒的话题。

在第四章中，我们将从 **HRM** 的角度出发，介绍**领导力理论、企业文化以及培训**等内容。随后，我们将探讨本章的另一个主题——**组织**管理。

---

① 1-on-1 Meeting：上司和部下一对一地围绕业务以外的主题进行交流沟通。
② Mentor：为下属安排除直属上司以外的上级作为导师，以便为其提供指导和建议。
③ 员工不仅参考上司的评价，还要综合同事、下属以及自我的评价。

35

换个领导，

苹果公司

也能疯狂发展，

大象也能跳舞

魅力型领导力	苹果公司
濒死的大象	IBM
官僚型领导力	
仆人型领导力	

乔布斯靠权威和狂热管理苹果公司

站在某个组织顶点的人物通常被视作领导者，这个领导者的状态则被称为领导力。

自 1940 年以来，人们进行了各种研究，探索领导者应具备的能力、资质和性格。然而，这些特质往往取决于具体情况，**并不存在**一种能够适应所有状况的、唯一的、最好的且**人人适用的领导力**。**领导者的特性和行为会随着下属的成熟程度和组织的僵化程度而变化**，这被称为**情境领导理论**[①]。

首先，让我们来看看打破停滞期所必需的"**魅力（或支配）型领导力**"。

*20 世纪 90 年代，**陷入停滞的苹果公司需要的是对组织和产品进行颠覆性再造**。当时的董事会再次聘请了曾被解雇的史蒂夫·乔布斯，结果反被他取代。乔布斯上任后立即削减了九成以上的现有产品线，并动员整个公司的力量开发了 iMac。iMac 的独特功能和设计大获成功，成为"透明风格"（Translucent Style）的先驱。*

乔布斯显然是一位魅力型领导者。他凭借权威和激情鼓舞了公司的高管和员工，为苹果公司带来了历史上的最大成功。

然而，领导魅力带来的绝对支配可能会给组织带来强烈的负面效应：

- 高层唯我独尊（没有人敢对高层提出意见或进行纠正）。
- 员工的自律性降低（大家只是照着上级的要求工作）。
- 培养接班人的难度大（没有人能够胜任领导角色，也没有人能够培养出新的领导者）。

----

① 《回顾领导力理论，思考今后需要的领导者形象》（2018.07.06），金井寿宏（Kanai Toshihiro）。

由于难以摆脱这些困境，许多魅力型领导者常常陷入痛苦。

此外，在停滞期，像乔布斯那样的魅力型领导力也不是唯一的答案。对下属**进行支持引导**而非支配的"**仆人型领导力**"[1] 有时更有效。

将 IBM 转型为服务公司的郭士纳

1992 年，世界最大的计算机制造商 IBM 的税前亏损竟达到了 50 亿美元。这不是互联网或个人计算机的问题，而是其自身庞大的组织规模导致了失败。结果，接下来的一年，IBM 累计亏损更是达到了 81 亿美元之多，当时的 *IBM 被形容为"濒死的大象"。许多人认为 IBM 只能选择对公司解体，以轻装上阵。*

1993 年 4 月，首位来自公司外部的人士路易斯·郭士纳[2] 被任命为 CEO。然而，他并没有迎合外界的"期待"将 IBM 解散，而是选择了将其转变为服务导向型企业。

他要求部下自律，提倡"不需要愿景，需要的是符合市场需求的战略"以及"进入市场，每天在一线采取行动"（参照第 176 页）。

尽管如此，最初组织并没有发生显著的变化，但这并非因为郭士纳遭遇了员工的抵抗，相反，董事都表现得非常顺从，甚至会立刻将自己的衬衫颜色调整得与郭士纳的一致。这些董事在现场销售方面业绩出色，但会严格遵循程序，过于循规蹈矩，而这正是问题所在。因为这种**上情下达的"官僚型领导力"是无法适应服务业的需求的**。郭

---

[1] 这一概念是 1970 年由罗伯特·K. 格林利夫（Robert K. Greenleaf，1904—1990）提出的。他主张"真正的领导者要想得到追随者的信赖，首先要为人们服务"。

[2] Louis V. Gerstner Jr.（1942—）。他先后在美国运通（American Express）和雷诺士 - 纳贝斯高公司（RJR Nabisco）任 CEO，任期共计 8 年，之后在 IBM 担任 CEO 及董事长，前后共计 9 年，于 2002 年 12 月卸任。

士纳在 IBM 内部做了调查，研究了那些能够适应各种解决方案并取得良好成果的领导者的实践，得出了以下结论。

- **风格**：不是以身作则，而是重视调动团队的力量，并且自己常常退居幕后。
- **决策**：不是重视程序、层级分明的决策模式，而是重视当机立断、更为扁平化的决策模式。
- **动力**：不仅追求业绩目标，还致力于通过自身行动去更好地影响他人，并从中获得喜悦。

为了实现商业服务化（BaaS[①]），需要建立一个自律型领导力体系（让众多经理能够自主行动）。郭士纳从世界各地选拔了 300 名最优秀的领导者，致力于向他们传播并普及新的**"仆人型领导力"**（见图 4-2）。

▲ 图 4-2　什么是仆人型领导力

在那之后的 9 年里，IBM 的营业额增长了 250 亿美元，其中大部分来自服务业务。后来，郭士纳出版了一本书名为**《谁说大象不能跳舞？》**（*Who Says Elephants Can't Dance?*）的书。

在郭士纳的带领下，IBM 这头大象也出色地**"舞动"**了起来。

---

① Business as a Service。

36

领导要忍受
开放式创新
带来的痛苦

开放式创新
协调型领导力
承担变革的领导力

宝洁公司

雷夫利平稳推动宝洁公司向"小单元的网络型组织"转型

就在 IBM 实现复兴的时候，家庭用品巨头宝洁公司遇到了危机。1998 年，从基层做起并逐步晋升至 CEO 的迪克·雅格[1]，以"通过灵活的组织"实现"快速创新"为目标，极为重视独立研发工作[2]，致力于强化和提高产品开发能力，大力破除官僚型组织，特别推进了专利申请等改革。但这场变革过于剧烈，在削减成本（研发成本除外）的过程中，只一味把目标提得很高，导致新产品大多未能面世。

2000 年，阿兰·G. 雷富礼[3] 接任宝洁公司 CEO 一职，一方面深耕主要品牌，另一方面致力于更加切实的改革。雷富礼和他的前任一样，是工作了 23 年的精英，但他不局限于公司内部的视角，**反而更看重公司外部视角和资源**。

- **"消费者是老板"**：强化消费者信息的收集和分析，进行消费者生活实态调查和常见的网络调研。

- **"开放式创新"**：将产品开发公开化，推行公司内部技术的半强制性授权输出，通过这种方式积极获取公司外部的技术（**连接与开发**，参照第 164 页）。

雷富礼就任 CEO 的那一年，在宝洁公司的新产品中，采用外部创意和技术的比例不到 1/5；但到了 2006 年，这一比例超过了 1/3，现在已有一半是外部产品。

---

[1] Durk Jager（1943—2022）。
[2] 当时宝洁公司的研究开发费从销售额的 3% 增加到了 5%，到 2000 年时达到了 19 亿美元。
[3] Alan G. Lafley（1947—　）。

福特的"鲁日河"①（Rouge River）式垂直综合中央实验室被解散，重组为一个个具有明确目的的小单元。这种机制促使它们与世界各地的企业及公司外部的研究人员合作，共同创造新产品。

这种开放的、网络型的组织与流程非常复杂且充满不确定性。实际上，这种模式的确催生了各种各样的热销商品，但明年又会产生什么样的新关联根本无法预测，它对销售额的影响也无从知晓。

像雅格这样的**传统支配型（魅力型）领导无法容忍这种痛苦。**在**《无形的优势》**一书中，埃卡特等人指出，诸如福特公司的"成本削减者"②杰克·纳塞尔（2001 年被解雇）、安然公司的杰夫·斯基林（因不当会计等罪名被判有期徒刑 24 年）、世界通信公司（WorldCom）的伯纳德·埃伯斯（因财务欺诈等被判有期徒刑 25 年）等人皆是如此。

在去中心化的网络型组织时代，这种具有支配型领导力的 CEO 往往会感到力不从心。当下所需要的是那种重视专业性、与外部合作、能够容忍复杂性和模糊性的具备"协作型领导力"的 CEO。

忍受了开放式创新带来的痛苦，雷富礼培育出了众多巨型品牌，并在 2005 年成功收购吉列，**使宝洁公司的销售额翻倍。**起初，《财富》杂志评价雷富礼"像个有点不成熟的新任大学教授"，但很快称赞他是"杰出的经营者"。

2010 年，雷富礼一度卸任 CEO 一职。2013 年，65 岁的他又重新出任 CEO，在任期间推动了大量业务的出售，使宝洁公司得以轻装上阵，为再次在全球舞台上大展身手做准备。

---

① 是为了福特 T 型车的量产而在鲁日河沿岸建立的工厂，此地集合了从钢铁、化工设备到组装工厂、发货的运河等所有相关要素。
② 指的是以裁员等削减成本手段为核心经营手段的人。

科特列出变革的 8 个步骤与陷阱

回顾 20 世纪 80 年代，许多美国企业都面临着变革。领导力理论的主题不再仅仅是统率，而是变革。然而，这样的变革常常伴随着失败。哈佛商学院的**约翰·科特**[1] 在 1988 年通过对变革的研究，向人们展示了**变革型领导者的形象**。

科特**将解决现有问题的"管理"活动和负责推动变革的"领导"活动进行区分，对比了两者的存在方式和活动方法**（见图 4-3）。

他认为，变革型领导者必须具备"**外交的态度**"和"**较高的能量水平**"，否则就无法跨越充满陷阱的变革过程 [2]，而这两种特质进一步发展所呈现出的形态就是"仆人型领导力"和"协作型领导力"。

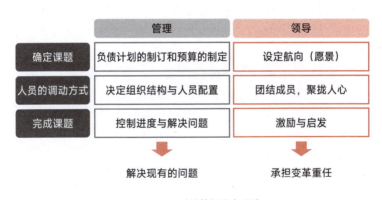

▲ 图 4-3　科特的领导力理论

---

[1] John P. Kotter（1947—），他提出的"变革的 8 个步骤"非常有名。

[2] 在《领导变革》（*Leading Change*，1996）一书中，科特列出了变革的 8 个关键步骤，依次是：1. 树立紧迫感；2. 组建强有力的领导联盟；3. 创立愿景；4. 沟通变革愿景；5. 授权他人实施愿景；6. 取得短期成效；7. 巩固成果并深化变革；8. 将成果融入文化。

37

唯独 管理者
不能把失败归咎于
"企业文化"

企业与组织文化 | 麦肯锡
7S 模型 | 本田 /HAM
本田文化

企业固有的价值观和行为方式就是企业与组织文化

"Cultivate"[①] 的意思是人类耕耘、播种培育，从这个意义上来说，**文化（Culture）不是自然形成的，而是人类辛勤创造的结果。**

爱德华·伯内特·泰勒[②] 认为，**文化是"某个社会组织的成员共同拥有的知识、信仰、艺术、道德、法律、习俗、技能和习惯等要素所构成的整体"**。虽然包含的要素繁多，但通常而言，"企业与组织文化"指的是"企业或组织内的员工共同持有（有意识或无意识）的价值观和行为模式"（见图4-4）。

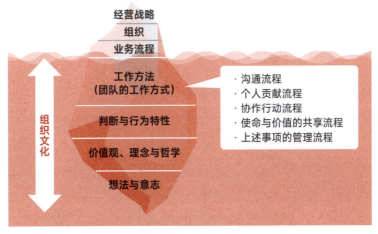

▲ 图 4-4 在无形中支撑业务开展的企业与组织文化

资料来源：摘自斯科拉咨询（SCHOLAR CONSULT）株式会社资料，由笔者制作。

曾有人提出"大企业病会导致企业无法开展新的业务"这样的观点。的确，过于强大的企业文化有可能成为企业通往成功的助力，也有可能成为导致企业失败的原因。

---

① 如果把本来天然的东西通过"人工"去制作的话，英语就会用"Cultured"来表述，比如"Cultured Pearl"（养殖珍珠）。
② Edward Burnett Tylor（1832—1917），牛津大学人类学学院的第一任教授。

劳资一体的强大企业文化促成了日本企业的迅速发展

20 世纪七八十年代，日本企业迅速崛起（参照第 94 页）。

这一现象让长期以来凭借科学合理的管理占据主导地位的欧美企业感到困惑。揭示其中深层原因的是**麦肯锡**[1]的"**7S 模型**"。

- 硬 S：战略（**S**trategy）、结构（**S**tructure）、系统（**S**ystem）。
- 软 S：共同价值观（**S**hared Values）、风格（**S**tyle）、员工（**S**taff）、能力（**S**kills）。

当时发展迅猛的日本企业在硬 S 方面并不突出，但在软 S 方面表现优异，其中最为**核心便是"共同价值观"，即企业文化。**

本田通过摩托车进入美国市场后，投入巨资成功建立了当地的汽车生产公司本田汽车北美制造公司（HAM[2]）。当时，年轻的入交昭一郎等人为了让 HAM 的美国员工理解本田的理念和做法（企业文化），首先将自己的想法清晰地表达出来。

但是，"团队合作"（Teamwork）在日美两国的含义迥异。经理们每周五晚上聚在一起，边吃比萨边讨论，历时整整一年，**才制定出一套"HONDA WAY"**[3]（见图 4-5）。

由于软 S 是以人为中心的，改变它颇费时间。这也是竞争对手难以模仿的地方，进而成为日本企业的优势。

---

[1] 是 1926 年由詹姆斯·麦肯锡创立，在詹姆斯·麦肯锡英年早逝后，由马文·鲍尔继续发展的管理咨询公司，被誉为专业咨询的始祖。

[2] Honda of America Manufacturing（1978 年成立）。

[3] 即"本田文化"，用以明确在 HAM 中所倡导的团队合作模式以及企业文化内涵等内容。——编者注

▲ 图 4-5 总公司董事会讨论的"本田文化"

重视达成共识的企业文化导致了日本企业的停滞

然而，这种企业文化是一把双刃剑。十多年后，日本企业由于**过于重视达成共识和提升客户满意度的企业文化，在 IT 等领域的革新速度逐渐落后，陷入了发展停滞的困境。**

波特在**《什么是战略》**（*What Is Strategy?*[1]，1996）一文中指出：

- 因过分重视共识而引人非议的日本企业，无法执行战略所必需的"严格的抉择"。

- 此外，日本企业过分追求提升"客户满意度"，试图满足所有客户的需求，从而丧失了自己的定位。

明茨伯格等人立即反驳了这些过激的观点，但波特或许确实从某个角度触及了事实真相。日本企业也没有站出来坚定地对波特的这些说法表示否定。

而且，这样的企业文化并非自然形成的，而是历代管理者曾兢兢业业、坚持不懈地塑造的。因此，**管理者不应将企业文化作为失败的借口。**

---

[1] 原文刊于《哈佛商业评论》1996 年 11—12 月号，是波特对战略的总结性论作。——编者注

幽默胜过严肃，

外行超过专家，

裁员人员

赶超精英

员工优先于客户

10 分钟轮转

幽默

心理安全感

西南航空

改变美国航空业的 LCC 先驱：西南航空

LCC（Low Cost Carrier：低成本航空公司）指的是廉价航空公司，尽管它给人的第一印象可能是"便宜无好货"，但实际上 **LCC 彻底改变了航空业的传统商业模式**。

这一变革始于**西南航空**。1971 年，这家初创企业仅靠 3 架波音 737 飞机，在得克萨斯州的达拉斯、休斯敦和圣安东尼奥之间运营。

40 岁着手创业的律师赫伯·凯莱赫[1]（见图 4-6）采取了不同于传统的经营策略，最终使西南航空成为业界翘楚。

▲ **图 4-6　表现"幽默"的凯莱赫**

图片来源：盖帝图像有限公司。

凯莱赫的理念包括："**顾客的话不一定全对**"；"**员工第一**"；"**让员工愉快工作**"；"**让顾客享受旅行**"。这些原则帮助公司保持全美最高的员工薪酬水平，并以较低价格提供了高质量的服务（如准时率）。

---

[1] Herbert D. Kelleher（1931—2019）。他称自己是"为下属辛勤打工的仆人"，招聘时本着"技能可教，而态度不可教"的原则，第一项考核是"幽默"。

为了降低成本和提高效率，西南航空实施了以下措施：

① **10 分钟轮转**：地面停留时间缩短至竞争对手的 1/4，增加了每架飞机的日飞行次数。

② **单一机型**：只使用一种机型，降低了维护和培训成本。

③ **次级机场**：在大都市周边使用较小的机场，不仅减少了机场费用，还缩短了飞机等待时间。

这些策略是传统大型航空公司如联合航空难以复制的。值得一提的是，在 2001 年 "9·11" 恐怖袭击后的航空业寒冬中，西南航空仍实现了盈利且持续增长，证明了其经营模式的成功。如今，西南航空被视为美国航空业的典范之一。

实现 10 分钟轮转的 "外行人" 与 "幽默"

为什么其他航空公司难以实现 "10 分钟轮转" ① 呢？

- **劳资关系**：为了提高效率，西南航空的所有员工必须承担多重任务，而其他航空公司不会让空乘人员或飞行员参与清洁工作。

- **座位管理**：西南航空不事先分配座位，仅使用 3 种颜色的塑料牌（可循环反复利用）进行管理。而其他航空公司通常会提供座位指定服务，无法轻易改变。

- **航线网络**：西南航空主要采用点对点航线 ②，中转乘客较少。相比之下，其他航空公司多采用枢纽辐射模式 ③，中转乘客较多，行李处理也费时较长。

---

① 大型客机的轮转通常需要 15 ~ 20 分钟，在 "9·11" 恐怖事件后，因手续增加，需要 25 分钟左右。

② 直接连接城市的航线网。

③ 把中小城市连接到大城市（枢纽）的航线网。

　　然而，其他航空公司最大的障碍在于一种普遍的认知："通常需要 45 分钟才能完成的任务，怎么可能在 10 分钟内搞定？"西南航空的员工队伍由被裁人员和外行人组成，这反而成为克服障碍的关键力量。初期，西南航空的机组成员大部分是其他航空公司的被裁人员，他们拥有"不能让这个来之不易的工作机会溜走"的强烈危机感。乘务员最初甚至是从拉拉队选拔而来的，而地勤人员几乎都不具备航空行业背景，缺乏"业界常识"。

　　凯莱赫本人作为高层，反对墨守成规和官僚作风，鼓励员工根据自己的判断行事。西南航空的员工秉持着"只要有必要，什么都愿意去做"以及"主动思考解决问题的方法"的理念，这样的"外行团队"使得西南航空实现了 10 分钟快速轮转。

　　凯莱赫最重视的不是员工的"奉献"或"忠诚"，而是他们的"幽默"。因为即使面对艰难的情况，幽默也能让人坚持下去。出色的幽默感还能让乘客感受到愉悦。西南航空认为，组织之所以能持续创新，是因为每个人都拥有展示真我的幽默精神。创建这样的企业文化并留住人才并不容易，这正是西南航空的竞争优势的不竭源泉。

　　企业文化理论界的权威埃德加·沙因[1]曾指出："文化是基于过去成功的体验形成的。""正因如此，其对于变革往往具有很强的抵抗力。""为了克服这种阻力，必须给予员工心理上的安全感。"[2]这正是西南航空提倡"幽默"的价值所在。

---

[1] Edgar Henry Schein（1928—2023）。其著作涵盖了《组织文化与领导力》《过程咨询》《职业锚》等。

[2]《企业文化生存与变革指南》（1999），埃德加·沙因。

38

高质量的培训能赋予新人通用的语言和技能，具备改变组织的强大力量

人际技能
建模手法
通用语言

原田左官工业所
IBM

人的技能分 3 种

在人力资源管理领域，员工除了工作热情，相应的技能也不可或缺。

根据库茨模型[1]，技能大致可分为 3 种：用于执行具体业务的技术技能（专业能力），管理所必备的概念性技能（抓住问题核心并将其概念化的能力），以及**适用于所有职业和职位的人际技能（即人际交往能力[2]）**。

企业应根据业务特点，通过各种研修和在职培训（OJT[3]）来提升员工的技能水平。具体来说，新人和基层领导应以技术技能和人际技能为重；中层管理者应以高级人际技能为重，同时加强技术技能和概念性技能；高层管理者在业务能力以外，还需提升人际技能和概念性技能（见图 4-7）。

▲ 图 4-7 库茨模型

---

[1] 由罗伯特·库茨于 1955 年提出。
[2] 包括"沟通能力""倾听能力""谈判能力""演讲能力""激励能力""自我提升能力""团队建设能力"这 7 种。
[3] On the Job Training，指业务内的培训活动。与此相对，脱产的研修等被称为"OffJT"。

然而，**技能学习的核心动力源于工作热情**。传统的企业培训形式主要是枯燥乏味的讲座，近年来已转变为更能激发员工积极性的方式，特别是在"工匠"领域，这种趋势尤为明显。

以"模仿"和"乐趣"吸引年轻人的模仿手法

在传统的工匠人才培养模式中，学徒不是直接跟人学习，而是暗中向师傅学艺，没有专门的研修课程，全凭在职培训，至少需要 10 年才能独当一面。然而，在年轻工匠短缺和工匠老龄化的背景下，这种**"工匠的人才培养"正面临着巨大的变革**。如果不做出改变，相关行业可能会因此而衰落。

在原田左官① **工业所**，第三任社长原田宗亮将工匠培养方法与其独特的商业策略相结合，使之更加系统化、理论化。**新人培训**始于附近 8 家公司共同设立的新人培养基地——东京左官育成所的**为期一个月的集训，一开始就让新人手持抹子开始抹墙**②（见图 4-8）。

▲ 图 4-8　原田泥水匠的模仿训练

图片来源：《今年也要举办！模仿训练》（2012），原田左官的博客。

---

① 左官是指用抹子粉刷建筑物的工作，也称泥水匠。
② 起初，周围人对此强烈反对，说"突然让没有经验的人拿工具根本行不通"。参照《新"专业人士"的培养方法》（2017）。

原田的理念主要包括："泥水匠的工作包括配料和保养材料等方面，但抹墙是精髓"；"提前告知其乐趣，有助于年轻人坚持下来"；"现代年轻人习惯于接受教育，因此会认真对待所学的技能"。

年轻人首先观看一流工匠的抹墙视频，记住动作后尝试模仿。起初不可能成功，但可通过对比自己的表现来精准模仿。由于不是亲临现场的在职培训，而是在练习场进行训练，年轻人会有许多尝试与犯错的机会。通过与示范者（model）对比，他们可以直观地看出不足之处。这样，原本花费半年才能掌握的技能，现在一个月就能学会。

这种"**模仿训练**"不同于单纯的操作规范与技巧的填鸭式讲解，是一种"**提升模仿能力**"的有效训练，非常实用。可以说，这是一种**培养上进心（人际技能之一）的方法**，有助于新人主动提升技能水平。

通用语言的重要性

对于 IT 工程师来说，《人月神话》堪称行业圣经。负责 IBM 史上最大项目的小弗雷德里克·布鲁克斯[1]于 1975 年写的这本书，深入浅出地阐述了大规模项目会遭遇的种种问题，并缜密分析了相关应对措施（人员的追加投资）不奏效（失败）的原因。

在 IT 领域信息系统的构筑中，通用语言的构筑和普及是成功的关键。布鲁克斯早在 1975 年就敲响了警钟：**没有通用语言的体系建**

---

[1] Frederick P. Brooks, Jr.（1931—2022），IBM System/360 及其操作系统的开发者。他的论文《没有银弹》（1986）也很有名，与《没有银弹的重装死亡》（1995）一起收录在《人月神话》的修订版中。

构必然会失败。

可以说**在整个商业领域都是如此**。一旦组织内部人员所说的话出现偏差，光是偏差本身和对偏差的确认就会导致业务效率低下，最终使组织难以开发出一件新产品。

正如本书第一章所阐述的，明茨伯格持有这样的观点：经营战略论本身也应该从众多理论中挑选出一种适合自己公司的通用语言。（参照第 49 页）营销也有各种各样的流派，可以说同样适用。

让逻辑思维成为"通用语言"，推动组织文化升级

然而，**最重要的通用语言**并非各部门的专业术语，而是**全体员工可以通用的语言体系**。其中，**重中之重当数逻辑思维（logical thinking）**。它意味着有条理地思考问题，并基于证据得出结论，同时将这些思考过程清晰地以口头或书面形式传达给他人，这都是逻辑思维的应用。如果这些口头和书面传达在公司内部缺乏一致性，则无法形成真正的"语言"体系，只会导致无休止的争论、无意义的对话和杂乱的文字堆砌。

遗憾的是，日本的教育体系并未普及"逻辑思维与有效沟通"的基础教育。因此，"逻辑思维"应成为新员工培训的重要内容。

即便如此，一些带新人的管理人员可能不会遵循这套方法，他们或许认为即便表述缺乏逻辑，新人也能理解自己的意图。唯有公司的最高领导者才能纠正这种情况，但他们可能觉得这样做过于烦琐。这就导致组织效率长期低下。

相反，**如果组织里的每个成员都能掌握正确的逻辑思维，业务效率将显著提升**。通过减少时间浪费和提高试错频次，组织能创造更高的价值并促进创新。

在公司内部创造一套跨部门的"通用语言"，是培训的重大意义之一。请依靠"通用语言"来推动组织文化的更新与升级吧。

39

组织

是实现战略目标、 提高人力资源效率的 架构

"硬"组织
"软"组织
功能、结构
决策流程

—

组织就是对功能和人员进行划分和关联

在公司里，组织不过是**以功能和人员为区分的区块**，既有像事业部、部门、科室这样有着明确界定的"硬"组织，也有像项目组、工作组这类较为灵活的"软"组织。

所谓"**硬**"，指的是那些具有明确使命、从属关系、上下级结构以及清晰指挥命令系统的组织，而"**软**"则意味着这些要素的边界相对模糊。这两种类型的组织并无绝对的好坏之分。**"硬"组织擅长处理重复性的任务，而"软"组织则更擅长应对变化和不确定性。**

实际上，组织具有多个维度。

- **使命**：承担何种责任，拥有何种功能[①]；
- **功能**：负责流程的哪个环节，能带来何种效用；
- **结构**（成员构成、层级结构、职位）：确定个人的从属关系以及与组织内外的关系；
- **决策与沟通**：组织内的决策由哪些人讨论得出，沟通流程是怎样的；
- **行为规则**：组织中每个人每天遵循的工作准则。

只有认真思考上述各项并加以整合，**组织才能够**（如巴纳德所说）**发挥作为系统的功能，处理超出个人能力范围的问题**（参照第 16 页）。

[①] 在权限和决策方面，重要的原则有"权限和责任一致""命令统一性（只有一个上司）""权限移交（将可委派的工作交给部下）"以及"控制范围（1 人能有效管理 5 至 7 人）"等。

　　当高层管理者发生变化时，组织结构也会随之改变，人事安排也会得到相应调整。这是因为新任管理者往往认为这样的改变能够提升业务执行能力。但需要注意的是，不应仅仅为了调整人员而改变组织结构。应当首先考虑组织应有的功能和流程，再考虑组织的结构和人事安排。不是"因人设岗"，而是"按岗选人"。

　　接下来，笔者将从其典型的**功能、结构和决策过程**开始探讨。

40

组织的规模一旦变大，
行动就会变缓；
要**打破**这一僵局，
唯有实行
分权化管理

金字塔型组织
分权型组织
分权化（权限下放）　　通用汽车公司
《公司的概念》

组织结构与决策:金字塔型集权化组织职能受限

如果一个小型组织刚刚成立,只需确定大致的职责分配即可。但随着事业的成功扩大与成员的增多,组织规模变大,其结构和决策方式也必须做出相应的调整。

从整体结构来看,**最容易理解的是金字塔型的集权化组织。**这种组织按照从上位到下位的顺序进行划分,定位清晰。金字塔型集权化组织**由于规则明确,**在**传达指令、执行行动**和人才培养方面效率很高,所以目前仍广泛应用于**生产部门和销售部门。**

然而,当组织规模扩大、层级增多时,信息传递和决策过程就会变得耗时,应对变化的速度也随之减慢。比如,1 名基层领导负责监管 5 名成员,那么一个 31 人的组织就需要设置 3 个层级(见图 4-9)。

更为关键的是,这种结构会**限制成员的自主行动能力**,在瞬息万变的现代社会,这将成为巨大的劣势。

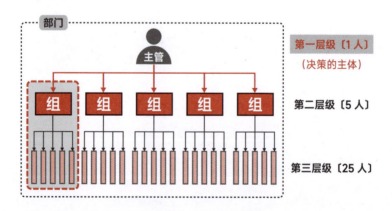

▲ 图 4-9 金字塔型组织

20 世纪 90 年代，日本推行了**组织扁平化改革，削减了组织层级**。这是一种应对当时经济和企业业绩停滞的方法，主要通过裁减中层管理人员来实现。然而，**由于没有同步推进放权和人才培养措施，这种改革引发了一系列问题**。

例如，在前述情境中，只能裁减中间第二层级的 5 名组长，于是将他们改称为"基层领导"，并将其合并到第三层级（基层领导和工作人员）。这样一来，**原本的部门主管需要监管 30 人（包括基层领导和工作人员）**。显然，**这超出了有效的管理幅度，会导致决策和在职培训的人才培养活动陷入停滞**。

那么，如何在保证决策速度的同时做好管理呢？

分权化拯救大型企业：通用汽车和德鲁克

答案简而言之就是"**分权化**"，**即将决策权尽可能地下放到金字塔型组织的底层**（见图 4-10）。这样可以避免决策延误。早在 1946 年，德鲁克在其著作**《公司的概念》**中就详细阐述了这一理念的重要性。

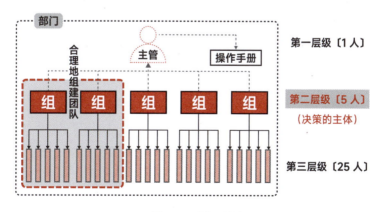

▲ 图 4-10 分权型组织

当时，全球最大的汽车制造商——通用汽车委托德鲁克对自家公司进行研究，德鲁克欣然接受了这一请求，毕竟他一直在寻找实证研究的机会。在为期 18 个月的研究过程中，德鲁克对通用汽车采用的**事业部制**的优势有了很透彻的理解。**这是一种出色的管理大型企业的分权经营模式。**

与福特不同，通用汽车根据不同客户群体的需求，策划并确立了 5 个品牌。如果采取中央集权的方式，管理起来将会困难重重。于是，通用汽车将企划、生产、销售、人事等职能按照 5 个品牌进行划分，**并赋予负责这些职能的各个事业部大部分权限。通用汽车总部只负责把控各事业部的销售额、利润目标达成情况和客户满意度。**因此，品牌内部的决策变得更加迅速，管理者进行管理活动也更加得心应手。

然而，德鲁克并没有一味地赞扬通用汽车。他指出："通用汽车视操作员为追求利润过程中花费的成本（应当削减的开支），而实际上操作员是人力资源，是应当被有效利用的管理资源。通用汽车陷入了过于注重命令和管理的官僚主义，难以应对未来的剧烈变化。"基于此，他强调了**进一步向员工授权和鼓励自我管理的必要性。**

《公司的概念》一书中由于包含了以上内容，所以引发了通用汽车高管的强烈不满，甚至**被他们视为"禁书"。但在通用汽车之外，这本书作为"分权化"理念的必读书目**受到了广泛赞誉[①]，并成为陷入危机的福特东山再起的教材。

德鲁克不断追问：以企业为中心的"产业社会"如何才能作为一个健康的社会存在？在这种社会中，"作为社会性存在的人"如何才能获得幸福？**分权化和管理便是他给出的答案。**

[①] 所谓的学术界对此也表现冷淡，评价德鲁克"并不真正理解管理的本质"。

公司内部信息透明，

可以催生

扁平化

且反应迅速的组织

青色组织 | 博组客
超扁平化的分权型组织 | 才望子公司

超扁平化的分权型"青色组织"

接下来要介绍的"**青色组织**"是第一章中提到的"目标管理"的一种形式，但它更为激进（见图 4-11）。青色（Teal）象征着让生命诞生的海洋颜色。**《重塑组织》**（2014）的作者**弗雷德里克·莱卢**[1]认为，组织的核心不是业绩、纪律或人际关系，而是"使命"（Purpose）。如果依靠危机感和上下级关系进行管理，只会让员工疲惫不堪，也无法激发创新。这是他在麦肯锡工作十多年，参与组织变革项目后得出的结论。

组织发展的五大阶段		管理方式	组织案例
青色	可持续发展，成员拥有内在的是非观念	存在使命与支持（Purpose）	博组客（Buurtzorg）
绿色	多元的、家人般的人际关系	理念、权限下放	星巴克、西南航空
橙色	追求目标的达成，把握机会，创造成果	奖励与惩罚	现代企业
琥珀色	遵守军队、团体的规则	身份的上下级关系	军队、日本学校
红色	冲动型狼群文化，追求欲望的满足	恐吓与威胁	反社会性组织

▲ 图 4-11　什么是青色组织

资料来源：《重塑组织》（2014）。

一个成功的案例是荷兰的**博组客（Buurtzorg）**。这家非营利组织成立于 2006 年，专注于家庭护理服务。其独特的居家护理模式取

---

[1] Frederic Laloux（1969—），比利时人，拥有欧洲工商管理学院（INSEAD）的 MBA 学位。在麦肯锡工作 15 年后独立发展，且会讲 5 门语言。

得了成功，目前有超过 1 万名护理人员在提供服务。这种机制强调自主性，采取超扁平化的分权管理模式。与传统的连锁加盟模式不同，营业时间和提供的服务均由各个小团队自行决定，相应的责任也由小团队承担。

在日本，销售额高达 1.9 万亿日元（截至 2023 年 6 月）的唐吉诃德[①]也许采用了相同的管理模式。虽然是一家连锁企业，但唐吉诃德避免了标准化管理，将采购和定价的权限下放到各个门店，以其独特的价值"特长"驰骋商场。

通过信息的开放化打破组织的上下壁垒

不过，青色组织是一种相当激进的形式，它在大规模组织中能否奏效暂未可知。但是，**通过"在公司内部开放信息"，追求组织扁平化**的企业正在不断涌现。

受信息不对称所限，层级决策结构已经跟不上时代发展的步伐了，毕竟仅仅依赖负责人无法充分地利用信息。

在日本，**才望子公司（Cybozu）**等有实力的组织是实行青色组织的先驱。

[①] 唐吉诃德除了运营 UNY Co., Ltd. 和长崎屋之外，还有亚洲各国的 DON DON DONKI 店等。控股公司从 2019 年起更名为泛太平洋国际控股公司（PPIH）。

41

平衡计分卡
用于纠正过度侧重
股东价值
的倾向

定量达成目标
注重股东价值
平衡计分卡
学习

一

先从客户的角度暂定定量目标

良好的愿景能够大致界定企业的市场定位与使命，但这尚不足以构成具体的目标。**要将商业活动导向理想的未来，企业需要设立明确的目标。**

即使设定了 10 年的长期目标，企业也需要根据环境变化适时调整，因此设定短期与中期目标也是可行的。

企业在新业务启动或初创阶段，为了吸引投资，需要清晰地展示在最理想状态下能达到的盈利水平，但这仅仅是一个理论层面的上限，并非实际的目标。如果盲目追求这个上限，可能会迅速耗尽资源并导致破产。反之，企业最初设定的上限也可能过低。即便是谷歌和 Facebook，它们的创始人起初也无法预料到公司会取得如此巨大的成功。**因此，对于初创企业而言，出于高速成长的需要，应当适时调整最初的目标，持续积累资金。**总之，暂定定量目标并不断进行调整至关重要（见图 4-12）。

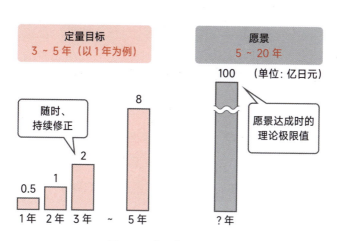

▲ 图 4-12　定量的财务目标设定

确立几年内的销售额和利润目标有多种方法。其中**最简单的销售目标确立方式是"市场规模 × 市场占有率"**。首先预测该业务 5 年后的市场规模，然后大胆地设定本公司在此市场的目标占有率，最后将二者相乘。不过，请先回顾一下之前的内容（第一章至第四章），思考一下销售额和利润是如何产生的？

销售额取决于企业为"目标客户"提供的"价值"（Value）。利润等于销售额减去成本。因此，**销售目标应该从客户的角度来设定。否则，一旦业绩偏离预期，企业就难以判断商业模式中的问题所在**，也就无法进行有效的修正。从客户角度出发设定销售目标的方法如下。

销售额 = 全部客户数 × 客户市场份额 × 客户平均消费金额

其中，**客户平均消费金额 = 商品单价 × 每个客户的平均购买数量**。这样的数字目标应当在明确何时能够实现盈利、了解成长的组织边界以及紧密结合商业模式的情况下确定。

绝不能仅以"销售额 = 商品销量 × 商品单价"来设定销售目标，因为这种方式丝毫没有从客户的角度出发。另外，还需要关注以股东价值（公司股东看重的企业财务价值）为目标的风险。

20 世纪 70 年代后半期发端于美国的股东价值侧重主义

企业到底归谁所有？如果是股份有限公司，股东通常在股东大会上拥有表决权，公司会按照股东的意愿来管理。这意味着"**经营者是体现股东意愿的代理人**"[1]。那么，股东对企业抱有什么期望呢？是股价上涨，还是获得高分红？是短期收益，还是长期收益？

---

[1] 也称代理理论。

在美国，**从 20 世纪 70 年代后期开始**，所谓的**机构投资者**[①]开始大量持有企业股票。这些机构投资者强烈要求**股价在短期内上涨并创造利润。经营者的报酬结构也发生了变化，不再采用现金支付，而是以自家公司的股票作为支付方式**。利润、净资产收益率（ROE）、资产收益率（ROA）、市盈率（PER）等财务指标**成为许多经营者追求的唯一目标**。

在此背景下，管理者与其大费周章制定新战略、推动阻力重重的企业变革，不如**通过裁员提高短期收益，或是出售有潜力的业务来变现，这样更能轻松地**（抬高股价）**提高自身薪酬**。结果，美国企业 CEO 的薪酬飙升到了普通员工的数百倍[②]。

这种趋势的极端案例就是安然和世界通信公司（WorldCom）的财务造假事件，以及次贷危机引发的金融危机（2008 年）。在这些事件发生以前，人们曾试图解决"过分强调股东价值和财务价值"的问题，但无一成功。

综合考虑所有因素并进行评分的平衡计分卡

美国诺兰·诺顿研究所的**大卫·诺顿**[③]具有敏锐的问题洞察能力，他指出："以往那种依赖财务指标来进行业绩管理的做法，是以过往的信息为参考标准的，所以不适合环境变化剧烈的 21 世纪的经营管理。"

为此，他发起了"未来企业的业绩评价"项目，并与哈佛商学院的**罗伯特·卡普兰**[④]合作继续进行研究。2 年后，即 **1992 年**，他

[①] 养老基金、保险公司、投资银行、证券公司、投资与对冲基金等。
[②] 据埃克塞特大学的研究显示，2017 年，PayPal（在线支付公司）的 CEO 薪酬与员工薪酬的中位数比值是 140，而这一比值在日本约为 30。
[③] David Norton（1941— ）。
[④] Robert S. Kaplan（1940— ）。

们共同发布了"平衡计分卡"[①]（Balanced Scorecard，以下简称 BSC）。BSC 不仅从"财务的视角"（过去），还从"客户的视角"（外部）、"业务流程的视角"（内部）和"创新与学习的视角"（未来）这 4 个维度来评估企业的经营状况。

首先，根据战略（经营战略被视为由外部环境驱动），将这 4 个视角下的活动项目组合成相互关联的形式。这一概念被称为"**战略地图**"（见图 4-13）。其次，为每个视角设定可量化为确切数值的目标和评价指标，并对其进行监控，以此促进公司内部流程的改进和个人技能的提升，从而推动企业变革。

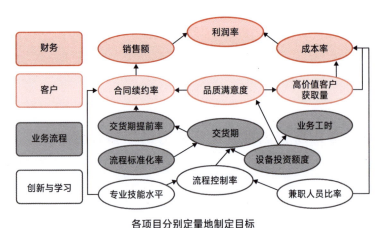

各项目分别定量地制定目标

▲ **图 4-13　平衡计分卡"战略地图"示例**

在财务指标几乎主导一切的 20 世纪 90 年代的美国，卡普兰等人在**"转变过于注重财务的管理模式"**以及**"将长期战略与当前活动相连接"**方面的努力获得了高度评价。在 1997 年的一项调查中，

[①] 参考《平衡与计分卡战略实践》（2001）。

64% 的受访企业表示它们**采用了 BSC 这一"多维度的业绩评价工具"**。此后，BSC 经历了各种改良和修订，并一直被广泛沿用至今。

未达到目标时该怎么做：把优势转化为学习

目标之所以被称为目标，是因为人们致力于去追求并达成它。人们不去达成的目标或无法实现（过高）的目标毫无意义。那么，当企业未能达到目标时，该怎么办呢？

一味地苛责下属或借酒消愁并不能改善业绩。当企业没有达到目标时，目标的制定过程及其与实际情况之间的差距就会显现出来。如果企业的目标不是凭着经营者的干劲和毅力，而是**通过逻辑和定量分析来制定的，那么经营者便可认清计划与现实之间存在的偏差**，进而分析偏差产生的原因，并据此进行必要的调整与改善。

所以，**在新业务启动或创业阶段，不必过度拘泥于最初的目标和计划**，毕竟企业面对的往往是未知领域，初始目标的准确性有限也无可厚非。因此，经营者不必纠结于细微偏差产生的原因，而是应当重新审视目标的制定方法，并继续挑战下一个目标。

研究大型企业改革的维贾伊·戈文达拉扬 [1] 指出，**创新型新业务的目标"应侧重于学习而非销售额和利润"**。这是因为依据创新的定义，新业务的未来本身就不可预测。在这种情况下，学习的质量和数量才是通向成功的路径 [2]。

平衡计分卡的核心理念之一是前瞻性，它将"创新与学习"视为未来成功的关键基石。因此，企业在开展新事业时，首先要明确应该学习什么。

----

[1] Vijay Govindarajan（1949— ）。美国达特茅斯大学塔克商学院教授。
[2] 《逆向创新》（Reverse Innovation）（2012），三谷宏治审校。

第四章 小结

人力资源管理（HRM）是什么？

企业实力的基石无疑是人力资源。即便运营已实现高度自动化，信息系统也趋于标准化，但仅凭这两点，企业还是会遭遇瓶颈，难以保持竞争优势。**人才既是推动企业发展的引擎，又是为企业指引方向的罗盘**。

个人工作效率深受激励的影响，而激励的关键，往往并非薪资或工时，而是**人际关系**（与同事、上司间的关系）。

这种**旨在对人力资源进行管理的 HRM**，其目的在于确保人才质量（技能和动机）与数量（人数）双双达标。其范畴覆盖招聘与离职管理、绩效薪酬与人事体系管理、岗位调配、培训及人才培养等。本章围绕 HRM，深入探讨了"领导力理论""企业文化"与"培训"，以此来揭示人才管理的真谛。

领导力：从魅力型到仆人型再到协调型

企业所需要的领导风格应根据情境灵活调整。在企业陷入停滞时，一位具有突破力的**魅力型领导者**往往能成为转机。1997 年，重返苹果公司的史蒂夫·乔布斯以其独特的权威与激情，激发了管理层和员工的潜能，引领苹果公司缔造了历史上最大规模的成功。与此相对，1993 年，正是郭士纳这位外来人员，将濒临倒闭、整机销售的 IBM 转型为服务导向型企业。他深入调研了那些在适应各种解决方案方面表现卓越并取得斐然成绩的领导者，将他们所展现出的"仆人型领导力"在公司内部广泛推行。这类领导者更注重隐退幕后，致力于激发下属潜能并助力其成长。

为了推动**开放式创新**，实现与外界合作以扩大业务规模，宝洁公司的雷富礼展现了**"协调型领导力"**的重要性。这种领导风格要求领导者具备驾驭复杂性和不确定性的能力。

企业与组织文化和技能：革新的阻力与推力

企业特有的价值观与行为模式就是企业文化。过去，劳资紧密结合的强势企业文化曾助推日本企业迅猛发展，但**过度强调达成共识的企业氛围近年来却成了日本企业创新步伐滞缓的一大阻碍因素。**

在航空业掀起低成本航空公司（LCC）浪潮的西南航空，其企业文化的核心是"幽默"。理由在于，过于严肃的专业精英往往难以催生革新。唯有那些充满幽默感的非专业人士和曾被裁员的员工敢于冒险且富有危机意识，"什么都愿意尝试"。

员工的培训方式也在不断改进。通过采用激发个人潜能的"模仿训练"，能够在较短时间内显著提升员工的技能水平。

组织是什么？

组织，本质上是按职能与人员进行划分与关联的区块。因其灵活度高，所以当高层变动时，往往会推动组织结构发生相应调整。但组织并非管理者随意摆弄的棋子，它是**承载战略、培育人才的重要架构。**

要决定**组织结构**是金字塔型还是扁平化的，**决策权**是集中还是分散，首要考量的是战略目标。

本章还探讨了近年兴起的极度分权的大型组织——青色组织，以及作为事业目标设定方法、不单一侧重股东导向的**"平衡计分卡"**等新型管理模式。

第五章

关键财务

用资金衡量一切

42. 管理会计是防止
"损益"变为"赤字"
的关键利器

43. 是固定费用
还是变动费用？
还是属于共享服务？

44. 与其
扩大销售范围，
不如钻研销售深度

45. 免费增值的盈利模式：
重视 95% 的免费用户，
获得 5% 的付费用户

46. 零变动费用
开启无限使用之门，
单一版本产品
成就盈利之道

47. 基于 BEP 分析：
不同费用结构下的
企业运营策略

48. 能说清
ROE、
ROIC
即可

管理会计是防止
"损益"变为"赤字"的
关键利器

3 大资金问题：赤字、黑字破产、投资不足

做生意就是与钱打交道。如果资金周转出现问题，企业可能就会破产，导致员工失业，让投资者蒙受损失，而那些经营不善的管理人员也将面临指责，处境艰难。**企业面临的资金问题**主要可以分为以下 3 类：

① **赤字**：指企业在某段时间内的收入低于支出。持续亏损将导致破产。

② **黑字破产**：企业账面上显示盈利，却缺乏足够的现金流来支付到期债务。

③ **投资不足**：指对初创企业和现有业务扩张所需的资金投入不足。

虽然都涉及金钱，但其实质和流向可以分为 3 类，各类资金流动问题引起了前述 3 大问题（见图 5-1）。

- **损益**：反映在特定时期内业务是否盈利的财务指标，通过比较特定时期内的销售额与费用得出。

- **现金流（Cash Flow，CF）**：在特定时期内因业务活动产生的现金流入和流出。即使企业处于亏损状态，只要有足够的现金流入来弥补流出，就可以避免破产；反之，即便账面盈利，如果银行提高还贷额度，现金流出超出流入，也会导致破产。

- **资本**：由银行、投资者或企业自身提供的用于创业或拓展业务的资金。这些通常是长期投资，通过利息、股息或资产出售获得回报。

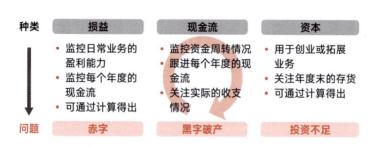

▲ 图 5-1　3 类资金及其问题

支撑、监视、评估组织的 3 种"会计"

为了避免上述问题，人们创立了"**财务会计学**"，涉及 3 个核心技能：**利润表（P/L）、资产负债表（B/S）、现金流量表（CF）**。（不熟悉这些概念的读者，请参照第 261 ～ 267 页。）

会计是一种机制，旨在辅助经营者管理内部事务，同时帮助外部利益相关人员对经营者的经营活动进行监督和评估。所有公司都有专门的会计人员，仅在日本，就有大约 11 万名外部专家（如税务师和会计师[1]）提供支持。这反过来说明正确地进行会计处理有多么困难。为此，经营者必须了解包括"**七大企业会计原则**"[2] 在内的基础会计知识。

税务会计：企业作为社会性实体，如果盈利则需缴纳法人税，拥有土地、建筑和设备则需缴纳固定资产税，拥有大型办公场所的企业还需缴纳法人事业税。[3] 计算这些税费的会计称为税务会计。税务

---

[1] 在推进电子政务化的爱沙尼亚（约有 130 万人口），税务师和会计师这类职业已逐渐消失了。

[2] 一般包括：1. 真实性；2. 正规簿记；3. 资本、利益区分；4. 清晰性；5. 持续性；6. 保守性；7. 单一性。有时还会加上 8. 重要性原则。

[3] 以上内容为日本的税法规定。在我国，企业租赁办公场所的缴税情况较为复杂，具体税额和缴税方式可能会因地区、租赁合同条款以及当地税收政策的不同而有所差异。因此，在实际操作中，建议企业咨询当地税务部门或专业税务顾问以获取准确的缴税指导和建议。——编者注

会计对企业来说不可或缺，但操作方式较为特殊。

管理会计[1]：经营者为了防止企业遇到前文所述的 3 大资金问题，需要掌握、理解和评估资金流动，并据此进行修正。这是作为经营学一部分的会计，即管理会计。其主要工作包括**各产品和部门的成本核算、损益计算、盈亏平衡点分析**（参照第 256 页）、**现金流分析、经营分析**（包括安全性和盈利能力分析，参照第 269 页）**，以及预算与实际管理**。这些工作主要面向公司内部，旨在为经营者指导经营方向、分析经营状况（见表 5-1）。

▲ 表 5-1 管理会计的 5 种作用

预算管理	为了达成企业计划，应制定销售额和费用的预算。不仅要从整体进行把握，还要按商品类别、客户群体和部门编制预算
预算与实际管理	明确预算与实际业绩的差异及其原因
成本管理	设定作为基准的标准成本，检查其与实际成本的差异。也用于项目管理
经营分析	计算销售额利润率（ROS）和净资产收益率（ROE）等经营指标，确认经营的安全性、盈利能力、效率性、成长性（参照第 269 页）
现金流管理	预测资金（现金）会在什么时候增减多少，确保手头的资金不会枯竭

财务会计[2]：股东、银行、投资者和客户同样关心 3 类资金问题。财务会计的任务是向他们报告相关信息，并编制利润表（P/L）、资产负债表（B/S）、现金流量表（CF）。这些报表通常每年或每季度发布一次，反映过去的数据。编制方法遵循一定的规则，因国家和地域而异。

---

[1] Management Accounting。
[2] Financial Accounting。

融资方式的演变：从银行、股票到风险资本、众筹

为了企业的创立与发展，金融的资金筹措方法也在不断发展，本书不做深入探讨。

公开股票：为了突破从个人朋友圈筹集资金的局限，荷兰率先建立了股票交易市场，允许通过发行股票来筹集资金。

银行贷款：起源于中世纪意大利的银行业，在工业革命期间取得巨大进步，尤其是在英国。银行满足了以铁路建设为代表的大量资金需求。受此影响，日本在明治维新时期将货币兑换商转型为现代银行，以企业融资为核心业务。

风险投资：为被出资率不到 1/10[1] 的初创企业提供资金的是风险资本（VC）。亚马逊早期的主要投资者是老牌风险资本公司美国 KPCB 风险投资公司（以下简称 KPCB）。该公司的合伙人约翰·杜尔[2] 非常信任杰夫·贝索斯，在互联网泡沫破裂时也没有放弃他。

KPCB 和红杉资本（Sequoia Capital）在 1999 年也投资了谷歌，但要求谷歌任命一位具有丰富商业经验的人担任 CEO。创始人拉里·佩奇[3] 和谢尔盖·布林[4] 起初反对，但最终还是同意聘请经验丰富的管理者埃里克·施密特[5]。施密特在此后的 17 年里帮助谷歌实现了惊人的业绩增长。这两家风险资本公司的投资获得了高达 1000 倍的回报。

---

[1] 投资者在评估的 1000 项投资项目中，最终会选择出资的大约为 60 项，而能够走向公开股票发行阶段的大约仅有 6 项。

[2] John Doerr（1951— ）。

[3] Larry Page（1973— ）。其在 2011 年重新担任谷歌 CEO，并于 2019 年离任。他平时住在自己位于加勒比海的私人岛屿上进行投资活动。

[4] Sergey Brin（1973— ）。他与佩奇是在斯坦福大学认识的。

[5] Eric Schmidt（1955— ）。曾经先后担任太阳计算机系统有限公司（Sun Microsystems）的首席技术官（CTO）以及诺威尔有限公司（Novell）的 CEO。

当时，为初创企业提供资金的主要是风险资本公司。

天使投资人：步入 21 世纪后，情况发生了变化。之前依靠风险资本支持发展起来的 IT 巨头如雅虎、谷歌、eBay 和苹果公司等，开始大量收购初创企业，使得被收购企业的创始人和关键人物积累了大量财富。这些人开始用自己的资金支持新的创业项目，作为天使投资人参与创业公司的初期投资。

2016 年，美国约有 30 万天使投资人，年投资额约为 240 亿美元，这一规模已经接近风险资本的投资规模了。

众筹：**"自由女神像"的建设资金曾一度耗尽，但得益于新闻出版者约瑟夫·普利策**[1]**的呼吁，12.5 万人的捐款额总计达到 10 万美元，"自由女神像"项目顺利竣工。在日本，为了重建只剩下东塔的奈良药师寺，主持高田好胤发起了每人捐赠 1000 日元（现增至 2000 ~ 5000 日元）的抄经募捐活动，自 1968 年以来已筹集到 870 万卷（价值超过 100 亿日元）。**

借助互联网的力量，现在可以通过各种众筹平台进行众筹。主要类型包括：**奖励型**（如 Kickstarter 公司、Makuake 公司）、**捐赠型**（如 READYFOR 公司）、**借贷型**（如 Kiva 公司、Bankers 公司）、**股权型**（如 Crowdcube 公司、日本云证券、Security 公司）。奖励型众筹的特点是给予捐赠者非金钱形式的回报，如"限定品"或"早期折扣"。**老牌众筹网站 Kickstarter（成立于 2009 年）成立 14 年来，共有 59 万个项目尝试筹资，其中 24 万个项目成功达到目标金额，共筹集到了 74 亿美元。项目成功率约为 41%，平均每项筹资约 3.1 万美元。共有 2200 万人参与了众筹，平均每次捐款额度仅为 83 美元。**

----

[1] Joseph Pulitzer（1847—1911）。

众筹是一种能够"将（一部分）消费者转变为投资者或捐赠者""发掘被忽视的潜在需求"的机制。据估算，2022 年全球众筹总额达到了 149 亿美元。这足以说明，大众支持小型企业创业的新时代已经到来。

小额信贷：为了解决孟加拉国的贫困问题，穆罕默德·尤努斯[①]创立了**孟加拉乡村银行**（Grameen bank，也译作格莱珉银行，1983 年成立），该银行会提供大约 100 美元的小额无抵押贷款。在以 5 人组成的小组模式下，小组成员通过相互监督，贷款偿还率保持在 97% 以上。**在总计 1000 万借款人中，大半都是女性，**而小额信贷也成为她们经济自立的基础。

上文提到的 Kiva 也是 P2P（连接借款人和贷款人）模式的小额信贷平台。小额信贷最初集中在发展中国家，现已扩展到全球，据估计，**2020 年的融资金额达到了 1600 亿美元。**

从下一节开始，笔者将首先从费用方面入手，主要探讨会计中的"损益"相关内容。

---

① Muhammad Yunus（1940— ）。

43

是 固定 费用
还是 变动 费用？
还是属于
共享服务？

固定费用、变动费用	沃尔玛
LCO	谷歌
计量收费	亚马逊 AWS
共享服务	Adobe

费用基本等于"固定费用 + 变动费用"

损益等于"销售额 - 费用"。销售额随着销量（销售个数等）的增多而上升。费用又分为 2 种，即随销量变化的"**变动费用**"（原材料成本、销售手续费等），以及不因销量而变化的"**固定费用**"（租赁费、广告费、管理费等）。

用这些数量关系，可以表示销售额和费用（见图 5-2）。

- 销售额 = 销售单价 × 销量
- 费用 = 固定费用 + 变动费用 = 固定费用 +（单位变动成本 × 数量）

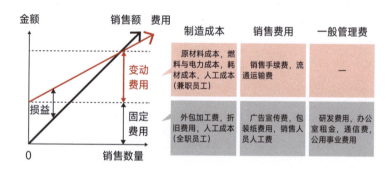

▲ 图 5-2　费用的 2 种类型：固定费用和变动费用

但是，即便开展的是相同的销售活动，产生的费用也可能不同。比如，若由工资固定的员工进行销售，员工的工资就是固定费用；如果按提成付工资，或者根据销售情况雇用临时工，那么这部分人员的工资就是变动费用。**某项费用是固定费用还是变动费用**，并不能自动进行判定，**主要取决于员工的薪酬计算方式。**

费用降低方式的发展：从分工到共享

对于企业而言，将"降低"费用作为第一目标是理所当然的。为此，泰勒创立了科学管理，福特则以分工化的流水作业、大量生产的方式实现了成本降低。"分工"和"规模化"成为降低成本的关键词。

20 世纪 60 年代 BCG 开发的"经验曲线"融入了时间这一概念。经验曲线主张，快速扩大规模是降低成本的有效方式。

20 世纪 70 年代，位于美国中西部偏远乡村的**沃尔玛确立了低成本运营**（Low Cost Operation，*LCO*）的管理方法，以此淘汰了竞争对手凯马特（Kmart）等。

低成本运营不仅仅是一种削减成本的方法，还是为了避免产生不必要的成本，而从战略、市场、运营等层面改变企业自身机制的一种方式。

若想降低库存损失，要有以下认识并准备好应对措施：

→ 容易积压的季节性商品和特卖商品容易变成不良库存；

→ **应减少服装类商品的比例，并通过每日低价（*EDLP*[①]）策略停止特卖。**

但这种做法会导致毛利降低（尽管服装类商品的毛利较高），而且无法指望特卖来吸引顾客。低成本运营就是应对价值下降、销售额和毛利减少的有效管理方式。而没有意识到这种情况的凯马特一直依赖服装类商品和特卖商品，最终在 2002 年破产，而且重组之后的公司经营依然举步维艰。

---

① Every Day Low Price。沃尔玛曾打出这样的标语，意味着无论何时顾客都能享受到低价商品。

费用为零的流通工具：互联网

20 世纪 90 年代出现的互联网，使得信息（电子产品）的流通成本几乎降为零，极大地扩大了其影响范围。同时，**此前在信息传达广度（Reach）与信息的丰富程度（Richness）之间存在的折中关系也得以兼顾**[①]。

因此，互联网使得企业和个人能够广泛地发布并收集深度信息。无论是企业之间的 B2B，还是企业对个人的 B2C，都可以实现。不仅如此，甚至连接个人对个人的 C2C（Consumer to Consumer）系统，打造起来也变得轻而易举。可以说，互联网**赋予了众多"小人物"极大的力量**。

1998 年创立的谷歌虽然起步较晚，却为客户提供了优质的检索服务。在 2002 年，谷歌已成为全球使用人数最多的搜索引擎，极大地提高了人们的信息搜集能力。

由于谷歌能够面向大量用户收取小额费用，并为用户提供免费商品，所以之后出现的"免费增值服务"等模式也极大带动了谷歌销售额的增长。

费用降低方法的发展：计量收费和共享服务

最新的费用降低方式是计量收费和共享服务。

费用"降低"固然是好事，但如果期望企业持续发展，还有另一件重要的事就是"轻装上阵"。如果建造了大规模的工厂和办公室，一旦经济不景气，企业就无法削减运营费用，乃至不得已破产。

[①]《碎片化：数字时代的战略重构》（1999），菲利普·埃文斯，托马斯·S.沃斯特。

如果不希望此类事件发生，最好不要拥有这类资产，或者要与他人共享。

这样的话，原本属于固定费用的部分就变成了变动费用。

不买进 IT 基础设施和软件等，而是采用计量收费的方式，就是**一切即服务**（XaaS①）的理念体现，其中亚马逊的亚马逊云科技（Amazon Web Services，AWS）、赛富时以及 Adobe 的 Creative Cloud（简称 CC，一款创意应用程序）等典型代表驰名海内外。这是因为这些平台可以确保企业按需按量付费。

此外，**共享服务**不仅面向个人，还面向企业提供租赁办公空间、人力资源、商用车、停车场、机器和设备等服务。2021 年度共享服务经济市场规模已经达到了惊人的 2.4 万亿日元，预计 2030 年将达到 14 万亿日元。②

---

① "X as a Service" 的缩写，意思是"一切皆服务"，包括 IaaS（Infrastructure，基础设施即服务）、PaaS（Platform，平台即服务）、SaaS（Software，软件即服务）、MaaS（Mobility，移动即服务）等。
②《共享经济活用手册》（2022 年 3 月版）。

44

与其扩大
销售范围，
不如钻研
销售深度

销售单价	古驰
填补客流低谷期	罗多伦咖啡
广告、刀片替换	吉列
计量收费	施乐

销售额基本等于销售单价 × 销量

增加销售额几乎是所有企业的成长目标。正如日本首家超市大荣的创始人中内功所言——"企业的成长能治愈一切"。随着企业的成长，组织扩大、职位[1]增多，员工晋升途径也更为通畅。同时，采购规模也随之扩大，有助于低价采购。最终，企业利润增长，股东和员工都可从中受益。

大荣等大型零售商常以降低商品单价的"低价"为策略提升销量。

然而，销售额等于销售单价与销量的乘积，所以提升销量并非增加销售额的唯一途径，提高销售单价也是明智之举。例如，1991年陷入亏损的高端品牌古驰（GUCCI），到了1993年甚至出现了延迟发放工资的情况，但古驰通过将产品线精简至原规模的1/40，并采取高价定位的策略成功实现了复苏，将销售额提高到了之前的3倍。

增加店铺和产品数量是可行的，有效利用客流量低谷时段也同样奏效

说起提高销售额最简单的办法，**对于生产厂家而言是增加产品种类，对于零售商或餐饮业来说是增设门店。**然而，此类举措虽然可以增加总体销售额，却可能导致单个商品或门店的销售额及收益下滑。

有效提升销售额和收益的方法是有效利用客流量低谷时段。不论是零售、餐饮、酒店还是交通业，都存在业务的低谷期。生产厂家因库存充足，所以员工和设备可以实现持续运作，但物流、餐饮和运输服务业则不然。

---

[1] 包括部门主管、部门经理等，指的是负责统筹组织工作的职位。

罗多伦咖啡（Doutor Coffee）的创始人鸟羽博道高中辍学后投身餐饮业，17 岁开始在咖啡店工作，由此与咖啡豆结缘。19 岁时他被提拔为店长，但他不骄不躁，不久后远赴巴西担任了咖啡农场的监工。回国后他涉足咖啡业务①，却不幸遭遇员工卷走开店资金这般的挫折。尽管如此，他仍坚持不懈，敏锐地意识到传统咖啡店与咖啡豆烘焙业务面临的行业局限。

20 世纪 60 年代，日本咖啡店数量激增至 15 万家。不过，当时这些场所往往弥漫着煮咖啡和抽烟的气味，**给人一种"不健康且环境昏暗"的印象。**

1971 年夏天，鸟羽参与了业界 20 人的欧洲考察团，旨在寻找"下一个行业内的爆品灵感"，回国后随即**创立了"科罗拉多咖啡"**（Colorado Coffee）。

追求打造"健康亮堂、男女老少齐聚一堂"氛围的科罗拉多咖啡 1 号店，在开业初期面临着销售额增长缓慢的问题。但通过 1 天高达 12 次的客座轮换频率，实现了客户群体的多元化（见图 5-3）。

客户群体扩大后，1 天当中不存在客流量过于集中的时间段		
（时段）	以往的咖啡店	科罗拉多咖啡
清早	商务人士	商务人士
上午	🏃	当地顾客、学生等
中午	商务人士	商务人士
下午	🏃	自由职业者、主妇或主夫等
傍晚	商务人士	商务人士
客人数/座位数	4～6 次轮换/天	12 次轮换/天

▲ 图 5-3　科罗拉多咖啡

---

① 1980 年，公司更名为 Doutor Coffee。

清晨时分，店铺吸引的大多是商务人士；随后，当地的店主、老年人和学生会陆续前来；到了中午，商务人士又会再次光顾；而午后时光，则迎来了自由职业者和家庭主妇或主夫。相比之下，传统咖啡店的日均客座轮换次数仅仅是 4 ~ 6 次，因此鸟羽经营的咖啡馆生意更加兴隆。

科罗拉多咖啡的开店需求源源不断，短短几年便发展成为拥有 250 家连锁店的知名品牌。

即便在客流量低谷时段，店铺也需要向员工支付薪资。因而，**在固定成本高、库存周转慢的行业中，利用客流量低谷时段提高销售额的策略有助于增加利润。**

提高销售额的方法演变：从广告到免费增值

如何提高销售额，始终是企业最为关注的重大议题。为此，企业要确定目标客户和价值主张，并构建相应的运营体系、团队和组织结构。然而，**实际的资金来源和获取方式往往有所不同，不一定直接来自用户**。下面是几种提高销售额的方法及相应案例（见表 5-2）。

▲ 表 5-2　盈利模式的演变：销售额层面

盈利模式	费用说明	案　例
广告模式	广告主付费，而不是用户付费	哥伦比亚广播公司
刀片替换模式	初期费用低，靠消耗品长期盈利	吉列
计量收费模式	按用量付费	施乐
订阅模式	不按用量收费，按既定期间收取固定的费用	奈飞
免费增值模式	仅少数人付费	菜板（Cookpad）

广告模式：意大利人**古列尔莫·马可尼**[1]发明**无线电通信技术**25 年后，即 1920 年，全球首家商业广播电台 KDKA 在美国西屋工厂内设立。副总裁哈利·戴维斯开设电台，旨在促进无线电接收器的销售。得益于戴维斯的高瞻远瞩，该企业的无线电接收器果然销路大开。而在当时，大多数广播电台的运营主体是无线电收音机制造商及其专营店、大规模零售商、报社、教育机构和教会，它们开设电台的初衷是支持各自的主营业务发展。

然而，真正认识到广播电台商业价值的，当属出身于烟草公司的名门子弟威廉·佩利[2]。他敏锐且深刻地认识到，可口可乐、万宝路等国际知名品牌的广告将会成为广播的主要收入来源。并于 1928 年汇总了多家电台，创建了哥伦比亚广播公司[3]。"广告模式"就此诞生。如今，谷歌和 Instagram 等众多面向消费者的 IT 服务都是以这种模式来运营的。

刀片替换模式：1902 年，金·坎普·吉列[4]推出了刀片式剃须刀。该产品使剃须刀从之前那种客户自己磨的结实耐用型商品，**转变为只能维持一周左右的消耗品**，从而迅速席卷了市场。**这种模式是通过低价销售剃须刀主体，并依靠消耗品来盈利的，**后来被应用于打印机、雀巢咖啡机和电动牙刷等领域。

计量收费模式：20 世纪 40 年代，总经理约瑟夫·威尔逊[5]让经

---

[1] Guglielmo Marconi（1874—1937）。他几乎独立地开发了无线电通信技术，并负责了该项技术的商业化推广。1909 年，年仅 35 岁的他获得诺贝尔物理学奖。

[2] William S. Paley（1901—1990）。

[3] 哥伦比亚广播公司（CBS），与美国全国广播公司（NBC）、美国广播公司（ABC）并称美国三大电视网。

[4] King Camp Gillette（1855—1932）。

[5] Joseph C. Wilson（1909—1971）。在干式复印机开发初期，投资了相当于近 2 倍销售额的金额。

营不善、举步维艰的**施乐**起死回生。在威尔逊的带领下，施乐排除万难投入研发，于 1959 年推出了具有划时代意义的干式复印机（PPC）914，然而由于定价太高，其销路不佳。当时，竞争对手推出的湿式复印机都采用低价出售复印机实体，并靠复印纸盈利的"刀片替换模式"。而施乐的 PPC 的卖点是可以使用价格低廉、不褪色的复印纸。在这种情况下，威尔逊开创性地推出了一种**新型租赁方式——计量收费模式**。

施乐采用主机租赁的方式，并按复印量收费，具体为基本费用①加每张约 4 美分的费用。这一举措使**施乐从复印机厂商转型为"提供复印服务的企业"**。

订阅模式：20 世纪末互联网的兴起强力带动了商品和服务的"订阅化"，不计其数的 XaaS 也应运而生。**"Subscription"（订阅）一词原本意为杂志和报纸定期订阅，后来其含义逐渐演变为软件的"有期限的使用许可"**。此后，**统一费率服务**扩展到了软件、音乐、电子出版物乃至服装等领域（参照第 252 页）。

免费增值模式：互联网催生出的另一种盈利模式是多数互联网企业尝试的"免费增值"模式，即通过向一小部分用户提供付费服务或产品，而让大多数用户免费使用基础功能。例如，**网络游戏中售卖的收费道具和 Cookpad 的付费会员**。

不过，这种模式需要时间的积累才能取得成功，最终只有少数企业才能实现盈利（参照第 247 页）。

---

① 具体收费情况为月租 95 美元，每月复印量 2000 张以内免费。如果是每月使用 1 万张复印纸的大型企业，每张复印纸的价格为 4.15 美分，与湿式复印机的价格相当。

45

免费增值的盈利模式：重视 95% 的免费用户，获得 5% 的付费用户

免费增值
道具收费型游戏
付费用户的获取

印象笔记
Chargify

该免去何种收费？靠什么盈利？

继《长尾理论》（2006）之后，克里斯·安德森在其著作**《免费经济学》**（2009）中，**深入探讨了"免费"作为价格点所具有的市场冲击力，以及如何围绕这一策略来构建盈利模式。**

书中列举的 4 种盈利模式（①内部辅助型，②第三方辅助型，③**部分使用协议者负担型**，④志愿者型）中，只有③是狭义的免费增值模式（见图 5-4）。这种模式最初由风险投资家弗雷德·威尔森 ① 提出，并公开征集一个能概括"免费（Free）+ 高级付费功能（Premium）"概念的词，最终合成了**免费增值即"Freemium"** 这个术语。安德森在他的书中推广了这一术语。

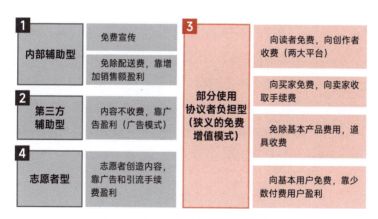

▲ 图 5-4　与免费相关的 4 种盈利模式

资料来源：《免费经济学》。

----

① Fred Wilson（1961—）。

免费增值模式作为一种有效的收益模型，特别适用于提供成本（确切地说是边际成本①）几乎为零的数字产品和服务领域。安德森本人也通过《免费经济学》一书的营销实践了这一模式，该书电子版最初限时免费供全文下载，此举吸引到了 30 万次的下载量，直接推动了该书收费纸质版的畅销。

终极的免费增值模式：道具收费的在线游戏

很多网络游戏允许玩家免费开启游戏之旅。然而，若想获得更强大的装备、特殊道具或解锁特定角色，玩家需要支付额外费用，**一般 2% ~ 5% 的玩家会转化为付费用户。总销售额的一半以上是由前 10% 的用户所贡献的，这部分群体也就是在整个玩家群体中占比仅为 0.2% ~ 0.5% 的"鲸鱼用户"②。**

在日本，玩家付费往往是为了收集全角色阵容或个性化外观；而在韩国和欧美，玩家付费通常是为了增强角色实力。在这些玩家中，不乏每月花费超过 10 万日元的用户。**尽管免费用户占绝大多数（约95%），他们有时会受到付费用户的轻视，但他们也是从付费用户的消费中间接获益的群体。**

以一款热门网游为例，通过广告吸引到 300 万个用户，其中4.5%（即 13.5 万个）为（普通）付费用户，每个用户每月支付 1 万日元；另有 0.5%（即 1.5 万个）为高额付费用户，每个用户每月支

---

① Marginal Cost，指企业为再提供一种商品而额外支付的费用，几乎等同于一件商品的变动费用。

② Whale Users，指在免费增值模式中那些消费金额非常高、对总收入贡献极大的用户。——译者注

付 10 万日元。据此计算，1 年内的总收入可达 342 亿日元。

　　虽然运营游戏涉及与用户数量相关的变动成本，比如客服和服务器维护费用，但像开发成本这类固定费用相对固定。这种成本结构使得免费增值模式具有极高的盈利能力。

免费增值服务的成功需要长时间与大额资金的支撑

　　印象笔记[①]（Evernote）成立 4 年后，当时的 CEO **菲尔·利宾**[②] 表示"免费增值服务发挥作用需要时间"。实际上，使用免费版印象笔记应用程序的用户，首月转化为付费用户的概率不足 1%；但在使用 2 年以上的用户中，这一比例升至约 12%。这意味着每 9 个用户中就**有 1 个每月支付 5 美元（或每年 45 美元）升级至高级（Premium）版本，而这一转化需要 2 年时间。**

　　账单管理服务提供商 Chargify（创立于 2009 年）最初采用的免费增值模式以失败告终。Chargify 最初的模式是"每月 50 笔账单以内免费，超过 50 笔账单时按 49 美元计费"，但因难以吸引足够多的目标付费客户，在运营 1 年后便面临资金链断裂的风险，几乎濒临破产。

　　面对困境，Chargify 放弃了原有的免费增值模式，取消了所有免费套餐，改为向所有用户统一收取每月 65 美元的费用。这一举措导致部分免费用户流失，但同时也促使一部分用户选择了付费计划。由于不再需要承担大量免费用户的支持成本，Chargify 终于在 2012

---

① 云端文档管理系统的先驱。公司于 2008 年成立，2014 年用户突破 1 亿个，但在 2023 年 5 月，公司解雇了美国和智利的全部员工。

② Phil Libin（1972—　）。

年扭亏为盈 [①]。

吸引付费用户确实需要时间，因此，采用免费增值模式的企业必须做好初期亏损的心理准备。同时，免费套餐的设计至关重要，**既不能过于慷慨以至于阻碍用户转向付费，也不能使其毫无吸引力，否则将失去免费增值模式所带来的诸多优势，如通过口碑传播来提升知名度、增加会员群体数量以及进一步扩大会员基数等。**

许多初创企业都宣称采用了免费增值模式，但在游戏之外的领域，大部分尝试都未能取得预期效果。可见，免费增值这一盈利模式的实际应用难度不容小觑。

----

① 现在已并入同行 Maxio 公司。

46

零变动费用 **开启**
无限使用之门，
单一版本产品
成就盈利之道

订阅 | 奈飞
统一费率下无限使用 | 苹果音乐服务
| Spotify
| Adobe Creative Cloud

始于实体的订阅模式

只要购买并拥有实体（硬件或软件），即可无限使用其功能。但由于实体价格通常较高，因此企业选择不持有而按实际用量付费，这种方式被称为"计量收费"。施乐公司的计量收费模式（依据复印张数计费）始于 20 世纪 60 年代左右。在此基础上，还存在一种**"统一费率下无限使用"的订阅模式**。

创立于 1997 年的奈飞（Netflix）起初是一家提供在线 DVD 租赁服务的企业[①]。它为客户提供"每周 4 美元，外加 2 美元邮费及 1 美元滞纳金"的租赁业务。这一不需要实体店的业务模式，充分利用了新上市 DVD 轻薄的品质特点。

1999 年，奈飞调整了其付费模式，转为"每月 15 美元无限量租赁"的订阅模式（见图 5-5）。在此模式下，用户可无限次租借 DVD，且无滞纳金、邮费或其他手续费。这项服务具有划时代的意义。2000 年引入的推荐系统也取得了巨大成功，时至 2005 年，奈飞的会员数超过了 420 万个，库存作品达 3.5 万种，日均出租 DVD 数量达到了 100 万张[②]。

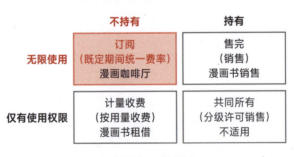

▲ 图 5-5 订阅模式

① 共同创始人里德·黑斯廷斯在录像带出租店租借《阿波罗 13 号》时，因为没有及时归还而支付了 40 美元的滞纳金，这段经历成为他创立公司的灵感来源。
② 每个会员平均每月租借 7.2 张。

数字内容的订阅化正在推进

随着互联网的普及与提速，电影等视频内容的流式[1]传输成为现实。奈飞迅速转向这一领域。2007年1月，它将核心业务从DVD租赁转向流媒体服务，取得了巨大成功。

奈飞不仅获得了大量电影和电视节目的授权，**还投入巨资制作原创作品**。2013年，耗资1亿美元的《纸牌屋》（13集同步发布）取得了空前的成功。

奈飞在2022财年的收入达到316亿美元，市值超过1900亿美元，超越了有线电视巨头康卡斯特（Comcast）和迪士尼，成为**全球最大的媒体公司**。

在音乐内容领域，Spotify[2]、Apple Music（苹果音乐服务）、Amazon Music（亚马逊音乐服务）和YouTube Music（谷歌推出的音乐流媒体服务软件）等竞争激烈。苹果公司曾通过iTunes以每首歌1美元的价格推广数字音乐。**2016年进入市场的Spotify采用了免费增值与订阅模式**。尽管Spotify免费版存在一些限制，如"只能随机播放""频繁插播广告"以及"无法下载"，但它依然因其免费听音乐的功能受到年轻人的追捧。目前，Spotify的付费用户增长迅速，目前约占总用户数（5.5亿）的40%，即2.2亿，他们每月支付980日元的订阅费。

苹果公司于2015年推出Apple Music，用户每月支付980日元即可无限畅听iTunes上的大部分音乐内容。截至2022年6月，Apple Music的付费用户数达到8800万，该年度收入为83亿美元。Apple Music成为iPhone服务部门的支柱性收入来源。

---

[1] Streaming。指一边下载内容文件，一边同时播放的方式。
[2] 总公司设在瑞典首都斯德哥尔摩。

Adobe 全面推行订阅制，大获成功

订阅模式的成功案例不仅限于电影和音乐内容领域。

Adobe 开发并推广了 PDF（电子文件格式），其主要产品是 2003 年推出的 Creative Suite（CS）。这是一个综合软件包，集成了此前只面向专业人士的平面设计、视频编辑、图像编辑、网页设计等 34 种工具①。

2012 年，Adobe 发布了 CS6② 的订阅版 *Creative Cloud（CC）*。用户每月只需支付 5000 日元（年度订阅计划），即可随时访问最新功能，且能够在多个设备间进行同步。**次年 6 月，Adobe 的业务全面转向 CC**。随后，Adobe 不再开发 CS7，也不再继续销售 CS6 的完整套装。尽管这一转变在用户群体中褒贬不一，但最终为 Adobe 带来了显著的销售额和利润增长。

Adobe 的许多现有用户更倾向于每月支付数千日元，而非每隔几年支付数十万日元。这种方式使得初始投资显著降低，吸引了大量新用户，尤其是轻度使用者。***Adobe 仅需维护一个版本的产品，使得开发和支持工作变得更加简单。客户流失率下降，销售额逐年累积***，至 2018 年，Adobe 的销售额达到了 2012 年的 2 倍以上，总计 90 亿美元，营业利润率达到了 31%。

商业软件全面采用订阅模式可能会在短期内对销售额产生影响，但这是一种盈利模式的重大转变，能够扩大用户基础、提升用户忠诚度，并降低开发和支持成本。

---

① 包括 Photoshop、Illustrator、InDesign、Dreamweaver、Flash Professional、Edge Animate 等。
② Creative Suite 的第 6 版。

47

基于 BEP 分析：

不同费用

结构下的

企业运营策略

盈亏平衡点图
规模和运转率
毛利率和低成本运营

沃尔玛
7-Eleven

探寻"销售额等于费用"的盈亏平衡点

横轴表示销售额，纵轴表示收入或费用金额的图被称为"**盈亏平衡点图**"，销售额线与费用线之间的差距（销售额 – 费用）即为盈亏（见图 5-6）。

当企业的销售额为零时，变动费用也为零，但由于固定费用不变，所以此时的亏损等于固定费用，这意味着亏损较大。**销售额线与费用线相交的点即为盈亏平衡点（BEP），在这一点上利润为零。** 随着销售额的增加，利润也随之增加。

关键问题在于当前的销售额是多少。如果当前销售额远低于 BEP，当务之急就是增加销售额。需要注意的是，用裁员、降低原材料品质等手段削减成本的做法可能会使销售额下降，使达到盈亏平衡点更为困难。

BEP 分析的主要目的就是明确一点：要达到 BEP 需要做出何种改变，以及做出多大程度的改变？此外，销售额等于销售单价乘以销量，若要使销售额翻倍，可以采取使销量翻倍或销售单价翻倍的方法（或两者同时翻倍至 $\sqrt{2} \approx 1.4$ 倍）。

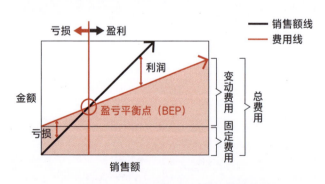

▲ 图 5-6　盈亏平衡点（BEP）示意图

固定费用大于变动费用时，扩大规模和管理运转率很重要

从费用结构方面来看，商业活动有多种类型，当初期投资巨大，且与规模（销售数量和用户数）无关的**固定费用较多时，关键在于对运转率[1]的管理**。

铁路、航空、酒店、电力、通信等基础设施业务便是典型的例子，这类业务虽然盈利需要时间，但一旦超过 BEP，就会产生巨额的利润。对于这类固定费用类型的企业而言，必须追求规模效益。

因此，固定费用类型的企业常常采取降价策略。由于变动费用较低，即便销量增加，费用也不会大幅上升。然而，如果降价过度，整体销售单价就会下降，反而会远离 BEP。

在这种情况下，**要想实现利益最大化，最重要的是管理和优化运转率或收益率**。运转率反映的是企业最大生产能力的利用率，收益率则是相对于最大销售额的比例。

铁路运转率要想达到 100% 几乎是天方夜谭[2]。尤其是通勤、上下学人数多的线路，早高峰下行方向会有空置席位，晚高峰则相反。在日本私营铁路中，东京急行电铁（以下简称东急）打破了这一局限。**东横线连接东京与横滨两座大城市，不仅实现了双向客流，而且沿途拥有庆应义塾大学日吉校区。这是 1929 年东急捐赠 24 万平方米土地的结果，成功带动了与向东京市内通勤相反的人流趋势。**

---

[1] 酒店称之为客房入住率（OCC），航空公司称之为负载因素。

[2] 铁路通常使用"客座占用率 = 旅客周转量（人公里）÷ 客车定员公里"这一运输效率计算公式。客车定员是指坐席数和立席（吊环）数之和，每节车厢能容纳一百余人。

固定费用小于变动费用时，提高毛利率，进行低成本运营

在一般零售和批发业中，采购费用（变动费用）占 60%~90%。在剩余的费用中，销售人员的人工费用也多出自临时工或兼职人员（变动费用）。

由于这类行业的 BEP 较低，企业可以较为安心地开展业务，但如果进行降价，则很快会出现亏损。因此，对企业而言，打折促销却无法售出商品是最糟糕的情况。为此，沃尔玛摒弃了吸引顾客的传统手段——特卖（特定品种的大减价），实现了零负担和零浪费的最低成本运营，成为美国流通业的翘楚。

然而，在零售和批发业的变动费用中，最大的部分是进货成本。因此，首先需要降低进货金额或提高毛利（销售额 – 进货成本）。实际上，扩大规模是降低采购成本的最佳途径。便利店等行业为了追求规模效应，不断集中，最终形成了几家大型公司。它们在规模上已无明显差距之后，现在努力的方向转为提高毛利率。从推出自有品牌（Private Brand，PB）商品开始，到如今通过推出其高级版商品（如 SEVEN PREMIUM GOLD[①] 等），实现了高价销售、低成本采购（即高毛利）。

[①] Seven & i 控股公司推出的一个高端自有品牌产品线，专注于提供高品质的商品，旨在满足那些寻求更高质量食品和其他产品的消费者的需求。——译者注

会计的产生
　　　　是为了
超越
朋友关系

会计的使命在于超越朋友关系

会计基础发源于意大利。在中世纪晚期，意大利威尼斯的商人掌控着通过海路开展的东方贸易。尽管他们的航行充满风险，但东方香料的高昂价格意味着只要交易成功就能获得丰厚的利润。同时，以佛罗伦萨为中心的意大利商人将他们的商业版图扩展到了整个欧洲。由于组建船队需要巨额资金，美第奇家族等银行家便提供了必要的融资支持。记录这些资金往来变得至关重要，"簿记"[①]（即复式记账法）应运而生。

荷兰为了超越后来崛起的西班牙、葡萄牙和英国，创立了一种新型的商业实体——荷兰东印度公司[②]（VOC）。这一机构的资金提供者不仅限于组织内部成员或银行（出于自身利益考虑），还包括众多不相识的投资者。凭借其雄厚的资金实力，VOC 组建了庞大的船队，并在当地设立了运营机构，成功掌控了东方贸易。

然而，这些不相识的股东既非亲属也非好友（见图 5-7）。因此，公司的管理者必须向他们报告资金的收支情况（盈利情况）和资产状况（资金使用情况）。这种报告和解释责任（Account for）就成了会计（Accounting）这一术语的起源。

[①] Bookkeeping，指的是由组织进行的经济交易全部被记录下来。在现代语境中，它所指的不是单式（如大福账等）记账法，而是复式（在一个交易中，比如有材料的增加和现金的减少这两个方面时，会进行相应的复式记录）记账法。

[②] Vereenigde Oost-Indische Compagnie，于 1602 年由原本相互竞争的 6 家地区商会联合组建。它不仅有商业活动权，还拥有在好望角以东的条约缔结权、军队交战权、殖民地经营权等各种特权。

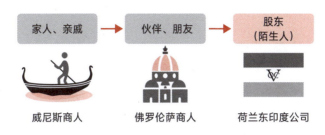

▲ 图 5-7 投资方的演变

以利润表推算当年的盈亏状况

1830 年 9 月，在詹姆斯·瓦特改进高性能蒸汽机约 50 年后，世界上第一条城际运输铁路——利物浦至曼彻斯特铁路正式投入运营 ①。**铁路迅速取代了马车和运河，成为主要的运输方式，但其初期投资非常巨大，这无疑是一大挑战**。铺设铁路需要巨额的土地费用和建设成本（包括隧道、桥梁和车站的建设）。同时，钢制铁轨和车辆的成本也不容小觑。

另外，铁路运营的日常费用相对较低，即使将投资的分红纳入核算范围，每年的盈亏也会出现大幅波动。在没有重大投资的年份，铁路公司往往能够获得可观的利润；而在需要进行线路扩建等重大投资的年份，则可能出现严重亏损。这样一来，想要准确把握企业的盈亏状况就变得较为困难了。因此，**为了实现"投资负担的平均化"这一目标，企业引入了成本摊销的"折旧"的机制**（见图 5-8）。例如，如果企业购买了一项可以使用 10 年的资产，那就不应该将其全部成本计入当年的费用，而应当在这 10 年内每年分摊其成本的 1/10。

---

① 当时使用哪种蒸汽机车是根据 97km 的比赛结果而定的。由罗伯特·斯蒂芬森设计的火箭号（最高时速可达 47km/h）获得了冠军。

假设
· 企业在"年度 1"年末购买耐用年限为"3 年"的折旧资产"300"
· 资产连续使用 3 年，按照直线法每年折旧"100"

计入
· 作为折旧资产的"资产"，账面价值每年减少"100"
· 折旧费用作为"费用"每年计入"100"

▲ 图 5-8　折旧：把资产变为逐渐摊销的费用

　　在利润表（Profit and Loss Statement，P/L）中，企业关注的不是当年实际收到或支付了多少现金（即收入和支出），而是**要从当年销售商品所获取的销售额**[①]**（Revenue）中减去销售这些商品过程中所发生的费用（Expense），从而得出损益（即利润或亏损）**（见图 5-9）。

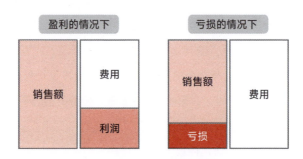

▲ 图 5-9　利润表示意图

这种方法被称为"权责发生制"。需要注意的是，支出（当年支付的现金等）与费用是不同的概念。

举个例子，假设一家汽车制造商去年留存有 20 辆未售出的汽车，每辆车的制造成本为 100 万日元。到了今年，该公司又生产了 90 辆新车（每辆成本为 110 万日元），并以每辆 150 万日元的价格总共售出了 100 辆汽车。此外，早期还投入 2000 万日元建造了一个仓库（按照 10 年进行折旧）。如果售出的这 100 辆车中有 20 辆是去年生产的，那么今年的损益是多少呢？

- **收付实现制**（Cash Basis）：收支 = 收入－支出 = 150 万日元 / 台 × 100 台－（110 万日元 / 台 ×100 台 +2000 万日元）= 2000 万日元。

- **权责发生制**（Accrual Basis）：损益 = 销售额－费用 = 150 万日元 / 台 × 100 台－（110 万日元 / 台 × 80 台 + 100 万日元 / 台 × 20 台 + 2000 万日元 ÷10）= 4000 万日元。

可以看到，两种不同的会计方法导致利润竟然相差一倍之多。**现代的利润表采用的权责发生制和固定资产折旧这种独特结构，最初是为了帮助那些初期投资巨大的铁路公司更好地估计盈亏状况而发展起来的。**

资产负债表表示资金的筹措和运用情况

如果说利润表（P/L）反映了家庭每年的收支结果（流量概念），那么资产负债表（Balance Sheet，B/S）则展示了这个家庭的所有资产和负债情况（存量概念）。它包括从父母、祖父母那里继承的财产，以及个人赚取的财富。家庭的资产可能包括房产、股票、存款等，同时，家庭也可能背负着房贷等债务。将所有这些项目进行汇总统计，就构成了资产负债表。

从资金的角度来看企业和商业活动，如何筹集资金及如何运用资金，乃核心问题。荷兰东印度公司（VOC）已经奠定了一个大致的框架（见图 5-10），具体如下：

- **资金筹措（总资本）**：①资本（创业者或股东出资）＋②留存收益（通过 P/L 积累的未分配利润）＋③负债（银行借款、公司债券或应付账款、未贴现票据[①] 等）。
- **资金运用（资产）**：非流动资产（有形资产 + 无形资产）＋流动资产（存货[②]、应收账款[③]、现金及现金等价物等）。

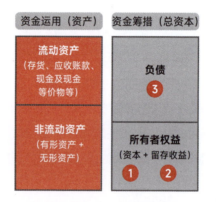

▲ 图 5-10　资产负债表示意图

①和②被合称为净资产或所有者权益，这部分资金在公司面临破产时几乎无法收回，因此具有较高的风险。

[①] 虽然购买了材料，但事后再支付给卖方，这期间就等于向对方借钱，应被记作应付票据或应付账款，属于负债。

[②] 商品卖出去之前是资产负债表里的资产，卖出去之后是利润表里的费用。

[③] 商品卖出去了，客户却延后付款，这就等于贷款给对方，属于流动资产。

相反，如果企业经营得当，那么拥有控制权的股票价值便可能会翻几十番，这就是所谓的高风险、高收益。真正的投资家通常愿意承担这样的风险。实际上，利润表（P/L）和资产负债表（B/S）之间在某些环节存在着密切的联系。

- 具体而言，从利润表中的净利润里扣除所得税和分红后的剩余部分，会被计入资产负债表中的②留存收益部分，成为所有者权益（见图 5-11）。

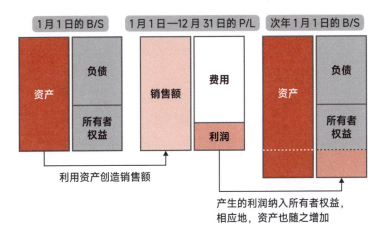

▲ 图 5-11　利润表（P/L）和资产负债表（B/S）因盈亏而产生关联

利润率高的企业如果投资较少，则其资产负债表左侧（资产）的增长不会很显著，而右侧下方（所有者权益）会增加较多，这可能导致右侧上方的负债显得可有可无，最终导致所有者权益占总资本的比例（所有者权益比率）异常高。例如，传感器制造商的典型代表基恩士（所有者权益比率为94%）、自行车零部件生产商禧玛诺（所有者权益比率为90%）、服装零售商岛村（所有者权益比率为88%）均属于这种情况。

- 在资产负债表的左侧，非流动资产的一部分可以通过折旧转化为费用。这意味着在利润表中计入折旧费用的同时，非流动资产也相应地减少。

值得注意的是，折旧费用不是实际发生的"现金支出"，而是利润表里面的一项费用，所以在只查看资产负债表和利润表的情况下，难以完全了解企业的资金周转情况（资金的流转方式）。这可以解释为什么有时候会出现盈利的企业却面临破产。接下来，我们通过观察现金流量表来进一步理解企业和各类商业活动。

减少库存也能创造现金流

在日本，公司的破产（停业情况除外）有一半属于所谓的"黑字破产"。具体而言，就是企业虽然在会计核算层面有盈余（有利润），但由于无力缴纳法人税或无力偿还银行的借款而倒闭[1]。现金流量表（Cash Flow Statement，CFS）就是一种旨在避免发生这种情况的会计机制。

现金流分为三种类型，第一种、第二种现金流如下：

① **经营活动产生的现金流**（Operating CF）：当期净利润 + 折旧费用 + 应收账款或存货（库存等）的减少部分 + 应付账款或未贴现票据的增加部分。

→ 通过这样的计算，得出的是企业主营业务活动创造的现金数

---

[1] 虽然对于"黑字破产"并没有明确的定义，但在实际情况中，因企业开出拒付票据（即到付款期限也没能支付的票据）等，被大银行停止交易而导致"破产"的情况很多。

量。鉴于折旧费用不是实际的现金支出，所以需要加回到净利润当中。库存减少的部分实际上相当于回收了过去支出的成本，因此可以视为当期的收入来源。

② **投资活动产生的现金流**（Investing CF）：固定资产的减少。

→ 表示为了维持或扩展业务而花费的资金。如果出售固定资产会增加现金流入，但如果通过购买土地来增加固定资产，则会导致现金流出。

我们将上述①和②两部分相加得到的结果称为自由现金流（FCF：Free Cash Flow）。如果 FCF 为正，表明公司有足够的现金流来满足运营需求，无须额外筹资。

然而，在业务拓展和企业成长阶段，虽然经营活动产生了现金（经营活动现金流），但投资活动（投资活动现金流）可能需要追加大量的资金投入，这时就需要额外的资金筹措。这就引出了第三种现金流类型：

③ **筹资活动产生的现金流**（Financing CF）：借款、发行公司债券或增发股票增加的现金–利息支付和分红。

当 FCF 为负时，即使利润表显示盈利，但如果公司的未来前景不明朗，便可能无法获得贷款或通过增发股票筹集资金，从而面临资金链断裂的风险，这就是所谓的"黑字破产"。

为了避免"账面盈利但现金不足"的情况，除了关注利润表（P/L）和资产负债表（B/S）外，还需要重视现金流量表（CF）。为了确保稳健经营，应当避免增加库存，同时避免过度增加固定资产。总之，保持充足的手头资金（即剩余现金）是十分必要的。当然，稳健经营并不代表一切。

48

能说清

ROE、ROIC
即可

营业利润
EBIT
NOPLAT
财务杠杆

盈利能力分析常用的4个财务指标：如何计算"R"？

正如本章开头所述，管理与财务会计的主要目标就是从财务角度验证企业是否按预期目标运作。评估企业的"盈利能力""安全性""生产力"和"成长性"的财务指标多达数十种。在此，笔者将重点介绍**4种常用于盈利能力分析的财务指标：销售收益率（ROS）、净资产收益率（ROE）、资产回报率（ROA）和投入资本回报率（ROIC）**。这4个指标都可通过将利润（R：Return）除以特定数值而计算得出，其中S代表销售额，E代表净资产，A代表资产，IC代表投入资本。除IC之外，其他3个数值可以直接从利润表（P/L）和资产负债表（B/S）中获取。**最大的难点在于如何计算利润（R）。事实上，利润的算法不能一步到位，需要逐步减去各种费用和损失。**

首先，从销售额中减去销售成本和销售管理费用，得到的是**营业利润**，这是核心业务活动产生的利润。其次，从中再减去有息债务的利息费用和其他非营业性支出，得到的是**经常性利润**。如果企业的所有者权益比率低且负债高，则营业利润会受到影响。然后，继续减去固定资产处置损失、有价证券出售损失或持有资产的减值[1]等特殊损失，得到**税前当期利润**。最后，扣除企业所得税等，得到的是**当期净利润**。在扣除向股东分配的股息后，剩余部分可以计入资产负债表中的所有者权益（属于留存收益）。

---

[1] 当股票等标的的价值大幅下跌时，其在账面上的价格会下降到可回收的金额。

ROS：用营业利润计算销售收益率

　　同样表示盈利能力的财务指标，大家最熟悉的应该是 **ROS**（Return On Sales），即**销售收益率**。至于其中的"R"，通常使用营业利润或经常性利润中的一个，但**如果要了解业务本身的盈利能力，就应当使用营业利润。**

　　ROS 因行业而异。一般来说，在采购比例较高的零售业和批发业，ROS 较低；而在几乎没有采购的专业领域和技术服务领域，ROS 较高。因此，在实际应用时，最好与各行业的平均值进行比较。

　　话虽如此，要是与包括亏损企业在内的平均值相比，ROS 也没什么参考价值。如果企业持续亏损，很快就会陷入资不抵债的境地，最终导致破产。在这种情况下，**应该进行标杆管理**（参照第 174 页）。**调查优秀企业和竞争对手的 ROS，努力提高销售额**，同时削减费用。但需要注意的是，如果采取薄利多销的策略，ROS 自然会下降。

ROA 和 ROE：ROE 也是综合指标

　　ROA 是一项能够反映企业是否充分利用其资产[1] **的财务指标。**虽然当期净利润和营业利润经常被用作"R"，但更准确的做法是使用**息税前利润（EBIT）**。ROA 反映了股东和债权人（银行、客户等）的利润率，因此在计算"R"时应包含债权人应得的利息支付。由于 EBIT 与营业利润相近，所以可以用营业利润代替。

----

[1] 非流动资产（建筑物、机械、土地、软件等）和流动资产（现金、存款、存货、应收账款等）。

因此，**ROA** = R ÷ A = (R ÷ S) × (S ÷ A) = ROS × (S/A)，即"**销售收益率 × 资产周转率**[①]"。

"效率性"体现的是相同的资产能够产生多少销售额，"盈利能力"反映的则是相同的销售额能够增加多少营业利润，这两者的乘积就是 ROA。

另外，ROE 是考查股东回报率的财务指标，此处的"R"是指支付利息和所得税后的当期净利润。同样，**ROE** = (R ÷ S) × (S ÷ A) × (A ÷ E)，即"**销售净收益率 × 资产周转率 × 财务杠杆**"[②]。也就是说，"为了提高 ROE，通过不断地借贷和发行公司债券来增加负债"，但这样做不仅会增加财务风险，还会导致需要支付的利息增多，从而减少净利润，所以实际操作起来并不简单。

ROIC：可以比较不同业务的盈利能力

要想站在企业的角度评估盈利能力，可以考虑采用**投入资本回报率**（**ROIC**）。首先，在分母方面除去总资本中的无息债务（如应付账款等），只看投向该项目的资本（有息负债和所有者权益）。其次，**分子的"R"使用税后净营业利润**（**NOPLAT**[③]），这是营业利润减去所得税后的结果，按**营业利润 ×（1−所得税率）**计算。这样一来，财务杠杆的影响就会被消除，很难通过不正当手段进行人为操纵。

----

① 等于销售额除以资产。顺便补充一点，销售额除以存货资产就是存货周转率。
② 这是杜邦的研究结果，因此也被称为杜邦系统。财务杠杆的计算公式为"总资本 ÷ 所有者权益（E）"，鉴于总资本=资产（A），所以可以用 A ÷ E 得出。
③ Net Operating Profit Less Adjusted Tax。

另一个值得一提的优势在于，ROIC 的分母还可以用"资产-投资及其他资产-应付债务"来计算，这样**不仅可以从整个公司层面去评估其盈利能力，还可以计算单项业务的收益率。**

对于拥有不同事业特性的事业群公司来说，ROIC 作为一种能够公平评价其盈利能力的财务指标，近年来被很多企业采用。

财务指标各有所长，但**最起码要掌握前述这 4 项**（见表 5-3）。

▲ 表 5-3　观察盈利能力的主要财务指标

		ROS	ROA	ROE	ROIC
计算公式	分子	营业利润等	EBIT（可用营业利润代替）	当期净利润	税后净营业利润：营业利润 ×（1-所得税率）
	分母	销售额	资产	所有者权益	投资资本：有息负债 + 所有者权益
目的		评价业务的盈利能力	评价资产周转率	评价股东的回报率	评价业务资源的盈利能力
优缺点		根据行业不同，差异很大	不够精确	也是综合指标，财务杠杆的影响较大	不容易造假，所有业务均可计算

第五章 小结

会计与财务管理的内涵

　　企业中存在 3 个**关于资金的问题**：①赤字；②黑字破产；③投资**不足**。为防止这些问题发生，会计与财务管理应运而生。**会计负责监视和评价企业的财务状况，以避免出现①②③的情况；而财务管理则侧重于有效地调度资金，以防止②③发生。**

　　本章主要围绕会计进行讲解，其核心涉及各种财务报表，包括利润表（Profit and Loss Statement）、资产负债表（Balance Sheet）和现金流量表（Cash Flow Statement）。然而，管理者或企业负责人除了从企业整体进行把控，还需要掌握更详细的信息，如**不同商品类别的盈亏平衡点、现金流分析以及投资回报率（ROIC）**等。用于得出这些数据的方法，就叫**管理会计**。

　　接下来，我们探讨了盈亏相关的内容，这是管理会计的基础，包括"费用""销售额""盈亏平衡点"等内容。

费用终究只是估值，分为固定费用和变动费用

　　某一年所记录的费用并不代表"当年实际支付的金额"，而是"**基于当年所售产品或服务的成本估计**"。例如，如果去年采购的商品在今年实现了销售，那么去年支付的金额就是今年的费用。如果企业使用了折旧期为 5 年的生产设备进行生产，那么设备投资额的 1/5 要计入当年的费用。虽然与实际的现金流动有所不同，但这是为了估算当年销售额的盈亏而产生的一种方法。

　　费用分为与销售额无关的**固定费用**，以及与销售额成比例的**变动费用**。为了降低费用，企业不断推进分工和规模化生产。近年来，为了削减固定费用，越来越多的企业采用**一切即服务（XaaS）模式**或**共享服务**。

销售额是"销售单价 × 销量"，利用客流量低谷时段，挑战新模式

销售额的基本公式是"**销售单价 × 销量**"。增加店铺和商品种类的数量确实可以提高销量，但像古驰（GUCCI）那样通过提升品牌价值来**提高销售单价**，或像科罗拉多咖啡那样通过**有效利用客流量低谷时段**，同样可以提高收益。特别是在固定费用较高的情况下，后者能更直接地带动销售额的增长和收益的增加。

自进入 20 世纪以来，提高销售额的方法不断演变。从最初的无线收音机的**广告模式**，到利用消耗品盈利的**刀片替换模式**，再到以用量收费的**计量收费模式**，以及软件和内容的**订阅模式**，甚至出现了依靠一部分付费用户支持的**免费增值**模式。随着互联网和信息技术的发展，这些方法得到了快速发展和广泛应用。

盈亏平衡点是"销售额 = 费用"，借此可以了解多种情况

当横轴代表销售额，纵轴代表收入或费用的金额时，销售额和费用所对应的线会在某一特定点相交，这个点即为**盈亏平衡点（BEP）。比较当前销售额与盈亏平衡点，可以了解企业对变化的应对能力、从亏损转向盈利所需的销售额增加幅度。**

若想改善收益，**那么当固定费用增加时，应注重规模化生产并提高资产运转率；而当变动费用增加时，则需提高毛利率并进行低成本运营。**

经营者应充分理解会计、财务的基础知识和财务指标，同时积极寻求专业人士的支持，以避免"账面虽有盈利，却因无法支付而破产"的情况。

参考文献

第一章

- 《最高の戦略教科書孫子》（2014）日本経済新聞出版、守屋淳

- 《[新訳]科学的管理法》（2009）ダイヤモンド社、フレデリック W. テイラー（着），有賀裕子（訳）

- 《General and Industrial Management》（1963）Pitman Publishing、Henri Fayol（着），Constance Storr（s 訳）

- 《経営者の役割経営名著シリーズ 2》（1956）ダイヤモンド社、C.I. バーナード（着），山本安次郎（訳）

- 《企業戦略論【上】基本編競争优位の構筑と持続》（2003）ダイヤモンド社、ジェイ B. バーニー（着），岡田正大（訳）

- 《戦略経営論》（1980）産業能率大学出版部、H. イゴール・アンゾフ（着），中村元一（訳）

- 《组织は戦略に従う》（2004）ダイヤモンド社、アルフレッド D. チャンドラー, Jr.（着），有賀裕子（訳）

- 《競争の戦略》（1995）ダイヤモンド社、マイケル・E. ポーター（着），土岐坤，服部照夫，中辻万治（訳）

- 《競争优位の戦略》（1985）ダイヤモンド社、マイケル・E. ポーター（着），土岐坤（訳）

- 《コア・コンピタンス経営》（1995）日本経済新闻出版、ゲリーハメル，C.K. プラハラード（着），一条和生（訳）

- 《The TOWS matrix: a tool for situational analysis》（1982）Long Range Planning、Heinz Weihrich

- 《経営戦略の巨人たち》（2010）日本経済新闻出版、ウォルターキーチェル三世（着），藤井清美（訳）

- 《アントレプレナーの教科書》（2005）翔泳社、スティーブン・G. ブランク（着），堤孝志，渡边哲（訳）

- 《トレイルブレイザー》（2020）東洋経済新报社、マーク・ベニオフ，モニカ・ラングレー（着），渡部典子（訳）

- 《経営戦略を成功に导く知財戦略【実践事例集】》（2020）特許庁

第二章

- 《マーケティング・マネジメント》（1983）プレジデント社、P. コトラー（着），村田昭治（監修）

- 《人间性の心理学》（1987）产能大出版部、A.H. マズロー（着），小口忠彦（訳）

- 《One to One マーケティング》（1995）ダイヤモンド社、ドン・ペパーズ，マーサ・ロジャーズ（着），24（訳）

- 《Retail Advertising and Selling》（1924）McGraw-Hill、S. Roland Hall

- 《Pricing Policies for New Products》（1950）Harvard University Press、Joel Dean

第三章

- 《トヨタ生产方式》(1978) ダイヤモンド社、大野耐一
- 《COMPETING AGAINST TIME》(1990) Free Press、George Stalk Jr.、Thomas M. Hout
- 《5S 活动の基础讲座》(2023) 中小企业经营研究会、鍛治田良
- 《梦をかなえるゾウ》(2007) 飞鸟新社、水野敬也
- 《ビジネス・プロセス・ベンチマーキング》(1996) 生产性出版、ロバート·C. キャンプ（着）、高梨智弘（监訳）
- 《ベンチマーキング》(1989) PHP 研究所、ロバート·C. キャンプ（着）、田尻正滋（訳）

第四章

- 《新たな"プロ"の育て方》(2017) クロスメディア・マーケティング、原田宗亮
- 《人月の神话》(2014) 丸善出版、フレデリック·P ·ブルックス Jr.（着）、滝沢彻、牧野佑子、富泽升（訳）
- 《会社という概念》(1966) 东洋经济新报社、P.F. ドラッカー（着）、岩根忠（訳）
- 《ティール组织》(2018) 英治出版、フレデリック・ラルー（着）、嘉村贤州（その他）、铃木立哉（訳）
- 《キャプランとノートンの戦略バランスト・スコアカード》(2001) 东洋经济新报社、ロバート·S·キャプラン、デビッド·P·ノートン（着）、櫻井通晴（訳）
- 《ストラテジック・イノベーション》(2013) 翔泳社、ビジャイ・ゴビンダラジャン、クリス・トリンブル（着）、三谷宏治（监修）、酒井泰介（訳）

第五章

- 《Blown to Bits》(1999) Harvard Business Review Press、Philip Evans、Thomas S. Wurster
- 《会计の世界史》(2018) 日本经济新闻出版社、田中靖浩